Noël 2012.

Petit Tour de France des expressions populaires

Petit Tour de France des expressions populaires

Gilles Guilleron

FIRST
Editions

ISBN : 978-2-7540-2068-8

Dépôt légal : 1er trimestre 2011
Imprimé en Italie

Édition : Marie-Anne Jost-Kotik
Assistante d'édition : Charlène Guinoiseau
Correction : Émeline Guibert
Mise en page : **ReskatoЯ**
Couverture : Olivier Frenot

Éditions First-Gründ
60, rue Mazarine
75006 Paris
Tél. 01 45 49 60 00
Fax 01 45 49 60 01
E-mail : firstinfo@efirst.com

Site internet : www.editionsfirst.fr

Introduction

« Pro deo amur et pro christian poblo et nostro commun salvament, d'ist di in avant, in quant deus savir et podir me dunat, si salvarai eo cist meon fradre Karlo et in aiudha et in cadhuna cosa, si cum om per dreit son fradra salvar dist, in o quid il mi altresi fazet, et ab Ludher nul plaid nunquam prindrai, qui meon vol cist meon fradre Karle in damno sit.[1] »

Bravo, vous venez de lire les premières lignes de l'acte de naissance de la langue française ; il s'agit d'un extrait des **Serments de Strasbourg** en 842, et précisément du serment fait par Louis le Germanique, petit-fils de Charlemagne, à son frère Charles Le Chauve, contre leur frère Lothaire ; bien sûr la

1. Une traduction s'impose : « *Pour l'amour de Dieu et pour le peuple chrétien et notre salut commun, à partir d'aujourd'hui, autant que Dieu me donnera savoir et pouvoir, je secourrai ce mien frère Charles par mon aide et en toute chose, comme on doit secourir son frère, selon l'équité, à condition qu'il fasse de même pour moi, et je ne tiendrai jamais avec Lothaire aucun engagement qui, de ma volonté, puisse être dommageable à mon frère Charles.* »

présence du latin est encore très forte, mais ce texte contient les traces originelles d'une langue romane qui, en quelques siècles, aboutira à la langue française que François 1er impose comme langue officielle par l'ordonnance de Villers-Cotterêts en 1539.

Dès lors, accompagnant la construction de la France, cette langue se répand, entre en contact (parfois en concurrence) avec d'autres langues, des dialectes, des patois. Ainsi, progressivement, géographie, histoire, activités humaines enrichissent et modèlent le français ; dans chaque région naissent des expressions françaises qui témoignent de son originalité et de son identité.

Ce petit livre a justement pour objectif de présenter la signification de quelques-unes de ces expressions régionales désormais intégrées dans le patrimoine linguistique français.

Historiquement on distingue trois zones géographiques linguistiques – au nord de la Loire, la langue d'*oïl* (oui) ; au sud, la langue *d'oc* (oui) ; et à l'est, le franco-provençal – dans lesquelles on peut dénombrer une centaine de provinces transformées en départements par la Révolution française en 1790. Ceux-ci ont été regroupés en

22 régions administratives en 1956. C'est à partir de ces régions, et par commodité, que nous avons organisé notre tour de France, sachant que dans certaines régions, à côté du français, langue d'État, coexistent des langues régionales non issues du latin (le basque, le breton, le corse, le flamand, l'alsacien, le catalan). C'est aussi pourquoi nous n'avons pas inclus les quatres régions d'Outre-Mer (Guadeloupe, Martinique, Guyane, Réunion) qui possèdent chacune leur propre langue régionale avec le créole.

S'agissant d'un petit tour, nous sommes bien conscients de ne donner qu'un bref florilège des expressions régionales et les mots sont comme les oiseaux, ils ignorent les frontières… Dès lors, leur zone d'emploi ne s'arrête pas à la limite du département, de la région, de la province. C'est pourquoi les expressions que nous avons retenues et placées dans telle ou telle région peuvent fort bien avoir voyagé dans d'autres endroits. Mais il fallait faire des choix! Si, à la lecture de telle expression située dans une autre région, vous reconnaissez une expression de «votre région», c'est d'abord et surtout la preuve de sa vitalité et de son tempérament voyageur.

À la fin de chaque étape régionale, vous trouverez quelques mots du français standard et leur signification en français régional. Attendez-vous à quelques surprises... Nous avons pris un grand plaisir à effectuer ce tour de France : maintenant à votre «Tour»!

Sommaire

Carte de France des régions

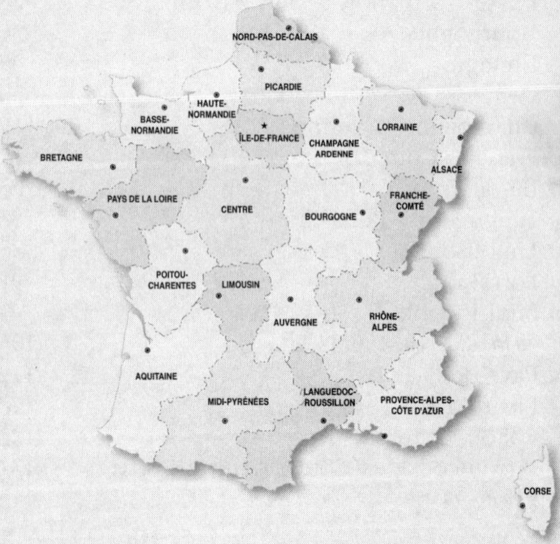

Alsace

Aller à l'intérieur : l'histoire de l'Alsace partagée à plusieurs reprises entre l'Allemagne et la France explique sans doute cette expression. Lorsqu'un Alsacien annonce qu'il *va à l'intérieur*, cela ne signifie pas qu'il rentre dans sa maison, mais qu'il ***se rend dans une autre région de France*** ; *l'intérieur* (du latin « interior », qui est au-dedans) désignant en quelque sorte, l'espace auquel se rattache l'Alsace.

Avoir une grande bouche : à moins d'être ventriloque, c'est par la *bouche* (du latin « bucca », joue, bouche) que les paroles, bonnes ou mauvaises, sortent. Dire de quelqu'un ***qu'il a une grande bouche***, n'est pas une appréciation esthétique mais un jugement peu valorisant pour indiquer ***qu'il parle beaucoup, mais surtout pour ne rien dire*** ! Dans ce cas-là, on pourrait lui suggérer d'appliquer la formule « motus, bouche cousue » !

Carte à vue : la *carte* (du latin « charta », papier) dont il est question ici n'est pas joueuse mais plutôt voyageuse. En effet, *la carte à vue* (on trouve aussi *carte-vue*) est la fameuse ***carte postale***, cette feuille rectangulaire de carton léger dont une face comporte une photographie (parfois de la région où l'on se trouve en vacances ou en voyage), et l'autre face, une petite place pour la correspondance et l'adresse du destinataire, le tout étant confié aux bons soins de la Poste ! Si l'expression ***carte postale*** s'est largement imposée, *carte à vue* mériterait plus d'attention car tout le monde sait bien que « le coucher de soleil de carte postale » est devenu un cliché !

Chambre de bains : cette expression ne signifie pas que votre chambre à coucher s'est transformée en piscine à la suite d'une fuite d'eau ! Elle désigne « ***la salle de bains*** » et s'appuie sur le sens ancien du mot *chambre* (du latin « camera », voûte, puis pièce, salle) indiquant à l'origine toutes sortes d'espaces et de lieux (chambre forte, chambre froide, chambre à air, chambre correctionnelle). En fait, le terme *chambre* s'est peu à peu spécialisé pour désigner principalement la pièce où l'on dort même si certains mauvais esprits souligneront que l'on peut voir aussi des hommes politiques dormir à la Chambre… des députés.

Être sur des épingles et des aiguilles : nous avons affaire ici à une expression qui ne manque pas de piquant, qui n'évoque pas une douce situation et fait penser davantage à une posture de fakir, jugez plutôt : d'une part, *épingle* (du latin « spingula », croisement de « spinula », petite épine, et « spicula », piquant) et d'autre part, *aiguille* (du latin « aculus », dérivé de « acus », aiguille) ; *être sur des épingles et des aiguilles,* c'est effectivement être en ***attente d'une information, d'une décision, et éprouver une forte impatience à la limite du soutenable.*** À défaut de piquants, on pourra employer l'expression équivalente bien répandue « être sur des charbons ardents » !

Il pleut des crapauds et des chats : un peu partout dans le monde se raconte un grand nombre d'histoires rapportant des pluies d'animaux ! Ainsi, chez nos amis anglais, on peut entendre (à défaut de voir !) « *it's raining cats and dogs* » (il pleut des chats et des chiens) ! Donc rien d'étonnant à ce qu'en Alsace des crapauds et des chats fassent la pluie (à défaut de faire le beau temps !). *S'il pleut des crapauds et des chats*, un parapluie suffit car cela signifie ***qu'il pleut à verse, ou des cordes*** ! Il pleut, il pleut bergère ! (du verbe latin « plovere », pleuvoir).

Oser quelque chose : attention, voilà un verbe qui perd singulièrement de son sens puisque *oser* (du latin « ausare », dérivé du participe passé « ausus », du verbe « audere » « avoir de l'audace ») signifie ***avoir l'autorisation de faire quelque chose***. Ainsi, si vous *osez prendre une initiative*, cela signifie simplement que ***vous avez reçu la permission d'agir*** !

Parler dans le vent : le *vent* (du latin « ventus ») est un mouvement de l'atmosphère qui garde toujours une part de son mystère, car il reste une force invisible ; ainsi *parler dans le vent* est un tour métaphorique pour signifier que ***les paroles sont emportées*** et donc ne sont pas écoutées ! Cette expression est l'équivalent de « ***prêcher dans le désert*** ».

Pouvoir très bien cuire : si vous dites d'une personne qu'elle *peut très bien cuire*, cela ne signifie pas que vous êtes soudainement devenu anthropophage et que vous regardez votre prochain comme votre futur repas ; non, cela indique que vous ***reconnaissez à ladite personne des qualités de cuisinière,*** et que par conséquent ***elle sait très bien faire cuire*** les aliments ! Ouf !

Tout est dans le beurre: aujourd'hui, même si l'excès caractérise notre société de consommation, chacun s'accorde à dire qu'il faut avoir une alimentation équilibrée pour vivre sainement. On se rappelle du slogan publicitaire «avec le beurre, tout est meilleur»; et quel plaisir qu'une tartine de pain frais croustillant avec du beurre et une bonne confiture! Certes, mais le *beurre* (du latin «butyrum») est un corps gras qu'il convient de consommer avec modération; ainsi, si l'on vous présente un plat où *tout est dans le beurre*, cela signifie que les aliments ***baignent dans… le gras (huile ou beurre)!*** À vous de choisir!

À vous de choisir…

Français standard	Français régional
Escargot Mollusque gastéropode terrestre, à coquille spiralée	***Escargot*** Viennoiserie en forme de spirale
Poêle Ustensile de cuisine en métal	***Poêle*** Pièce principale de la maison

Français standard	Français régional
Chique Morceau de tabac que l'on mâche	*Chique* Bonbon que l'on mastique

Aquitaine

Bille de chocolat : *bille* évoque spontanément une petite boule pleine (même si son étymologie incertaine du francique « bikkil » renvoie à dé et osselet) ; d'ailleurs de nombreuses friandises chocolatées prennent cette forme. Pourtant, ici, la *bille de chocolat* ne pourra pas rouler dans votre bouche car il s'agit d'un ***morceau de chocolat… en barre*** !

Cap de porc : si vous entendez dire de quelqu'un que c'est un vrai *cap de porc*, évitez toute confusion liée à l'ambiguïté et à l'homophonie. Le *cap* (du latin « caput », tête) dont il est ici question n'a rien de maritime, il s'agit d'une forme ancienne pour désigner la *tête* (que l'on retrouve – si j'ose dire – avec horreur dans le terme *décapitation*) ; pour le *porc* (du latin « porcus »), l'orthographe lève le doute, c'est bien le cochon et non le port qui accueille les bateaux ! Ainsi *un cap de porc*, est une belle métaphore pour exprimer le sale caractère d'une personne, une vraie « ***tête de cochon*** » !

Coup de nez : il ne s'agit pas d'une nouvelle technique de combat, ni d'un choc avec l'appendice nasal, non c'est beaucoup plus agréable. Ce *coup de nez* (du latin « colpus », coup) correspond à ***un vin dont l'arôme est flatteur*** et vient exciter les narines en laissant augurer d'une excellente dégustation.

Demoiselles de canard : l'évocation de ces *demoiselles* (du latin « domnicella », dérivé de « domina », dame) devrait vous mettre l'eau à la bouche. En effet, si vous dégustez de « *belles demoiselles de canard* », cela indique que vous mangez des ***morceaux de carcasses de canard grillés*** au feu de bois, accompagnés de pommes de terre sautées dans la graisse de confit et d'un petit vin de pays… Hum, à table !

Faire besoin à quelqu'un : le *besoin* (du francique « bisunni » soin, besoin) traduit une nécessité : si vous dites à quelqu'un de très cher que vous n'avez pas vu depuis longtemps : « tu me fais besoin », cela signifie ***qu'il vous manque*** ; si vous dites à un proche : « tu me feras besoin pour la vaisselle et le rangement de la maison » ; vous lui indiquez qu'***il est de corvée*** de ménage !

Guenille à gringonner : *gringonner* qui signifie *balayer* est un verbe d'origine gasconne dérivé de « gringoun », un arbrisseau qui servait à la fabrication de balais. Comme on sait que les tâches ménagères ne sont pas sans noblesse, si l'on vous invite à passer *la guenille à gringonner*, cela signifie que vous devez ***nettoyer le sol en passant la serpillière*** !

Plié pour compte : on peut *plier* (du latin « plicare ») toutes sortes de choses : une feuille, une serviette, des bagages, une tente, une chaise ; cela montre un sens du rangement et n'a rien d'inquiétant. En revanche, si l'on dit de quelqu'un qu'il est *plié pour compte*, cela signifie qu'il est ***considéré comme mort*** ! Il a donc « son compte », peut-être victime d'un règlement de comptes !

À vous de choisir...

Français standard	Français régional
Coque Enveloppe calcaire, structure d'un navire	*Coque* Pâtisserie à base de pâte briochée

Français standard	Français régional
Dîner Repas du soir	***Dîner*** Repas du midi
Frotte Action de frotter	***Frotte*** Croûte de pain frottée à l'ail

Auvergne

Avoir bon biais : n'y allons pas par quatre chemins, *biais* (de l'ancien provençal «biais», oblique, détour, vient du latin «biaxius», qui a deux axes) indique la manière de faire quelque chose : dire de quelqu'un qu'il *a bon biais*, c'est constater ***son habileté et sa vivacité;*** dans le cas contraire, s'il *a mauvais biais*, vous aurez compris que ce n'est pas un compliment!

C'est affreux ce que c'est beau : voilà une belle antithèse! *Affreux* (de l'ancien provençal «affre», effroi, horreur) et *beau* en même temps! Si vous entendez cette expression, vous devez comprendre que ***c'est beau au-delà de tout ce qu'on peut imaginer***; c'est vraiment très, très, très beau!

Entrez que : cette expression est en fait une invitation. Vous arrivez chez des amis et vous hésitez à *entrer* (du latin «intrare»), car vos chaussures sont mouillées. Devant votre gêne, votre hôte vous dit : «Entrez que!», autrement dit «***Entrez donc!***». Et si en partant, à votre tour, vous lui dites : «Viens que!», cela signifie «***Viens avec nous***!»

Faire regret: on sait que les regrets peuvent être éternels (*regret* est dérivé du verbe *regretter* de l'ancien scandinave «grata», pleurer). Ici, c'est bien le sens ancien de «peine, douleur» qui prévaut : si un événement ou une personne vous *fait regret*, cela signifie que vous éprouvez ***une vive contrariété***. L'expression existe aussi dans l'Est et en Rhône-Alpes.

Faire sa douche: si vous entendez une personne dire qu'elle doit *faire sa douche* (*douche* de l'italien «doccia», dérivé du verbe «docciare», couler en jet plus ou moins abondant), cela ne signifie pas qu'elle a décidé d'améliorer le confort sanitaire de son habitation. Si vous l'interrogez, elle vous expliquera qu'elle *fait sa douche* tous les jours et ce depuis toujours, car pour elle l'hygiène est importante. Votre air interloqué l'incitera sans doute alors à vous expliquer que *faire sa douche* signifie ***prendre sa douche***!

Frotte-muraille: si, dans le célèbre roman de Marcel Aymé (1902-1967), *Le Passe-muraille*, le héros avait le pouvoir de traverser les murs, ce n'est pas le cas ici; *a priori*, une *muraille* (dérivé de «murus», mur) n'est pas destinée à être frottée, mais elle constitue un solide point d'appui pour qui veut s'appuyer dessus pour une raison quelconque. Ainsi, dire de quelqu'un «*c'est un frotte-muraille*» équivaut ***à le qualifier de fainéant,*** en insistant sur sa tendance à rester appuyé à ne rien faire, oisif contre la paroi... En quelque sorte faire le mur... avec le travail...

Mettre à coin: vous avez bien lu, il ne s'agit pas de punir et de mettre «au coin»! Le *coin* (du latin «cuneus») désigne l'angle d'un objet, d'un espace, d'une pièce. *Mettre à coin*, c'est donc ***mettre de côté, en réserve, à l'écart.*** On rencontre aussi l'expression dans le Beaujolais : ainsi, si *vous mettez à coin* des bouteilles de Brouilly, de Chiroubles et de Juliénas, cela signifie que vous garnissez votre cave à vins d'excellents crus!

Peser les cerises: de nombreuses expressions populaires emploient de manière métaphorique les fruits; ainsi la *cerise* (du latin «ceresia») qui peut être «sur le gâteau», se retrouve ici en nombre dans l'expression *peser les cerises.* Mais il ne s'agit pas d'une activité de pesage mais d'une ***envie de dormir*** : une personne qui *pèse les cerises* **somnole.** En français standard, on pourra *compter les moutons...*

Prendre du souci*:** on ne connaît que trop (hélas) le sens du mot *souci*, synonyme d'inquiétude, de préoccupation. Ici, le *souci* (dérivé du latin «sollicitare», soucier, solliciter, remuer, agiter) possède une signification plus légère sans connotation psychologique : une personne qui *prend du souci* n'est ni préoccupée, ni en train de cueillir une fleur mais tout simplement en train de ***se préparer à partir.

Prendre les dix heures*:** il ne s'agit pas d'une RTT! Ces *dix heures* (*heure,* du latin «hora») indiquent le milieu de la matinée où l'on s'arrête pour ***prendre une collation, un repas léger, surtout quand on a commencé la journée très tôt; on *prend ses dix heures* également en Franche-Comté. Partout en France, les adultes à l'âme proustienne, gardent des souvenirs de cet autre moment de la journée où ils prenaient leur *quatre heures* (le fameux goûter!).

Se coucher content*:** *se coucher* (du latin «collocare», placer à l'horizontale, étendre dans sa longueur) suggère d'abord l'idée de repos; celui-ci paraît d'autant plus nécessaire si l'on *se couche content,* car cela signifie que l'on ***rentre complètement ivre chez soi!

Ici, *content* renvoie donc aux propriétés euphorisantes et joyeuses de l'ivresse.

Se mettre à la nuit : la *nuit* (du latin « nox, noctem ») correspond souvent au temps du repos ou tout du moins au ralentissement des activités, car comme chacun sait « travailler tard nuit » ! Ainsi, si quelqu'un vous dit : « Oh, il est l'heure, sinon je vais me mettre à la nuit », cela signifie que ***la nuit va tomber et qu'il a décidé de rentrer chez lui***. L'expression peut aussi exprimer ***le départ de sa maison au crépuscule***. Elle existe également en Franche-Comté.

Se mettre en malice : aujourd'hui le sens étymologique de la *malice* (du latin « malitia », méchanceté, nature mauvaise) a perdu en force. Le plus souvent, faire preuve de malice, c'est s'amuser par plaisanterie aux dépens d'autrui ; en revanche, un Auvergnat (ou une Auvergnate !) qui *se met en malice* ne plaisante pas, car cela indique qu'il ***est en colère*** ! À noter que l'on se met aussi en malice dans le Berry.

Tirer misère : *misère*, voilà un terme (et une réalité) dont on rêve la disparition (du latin « miseria », malheur, adversité, peine) tant il renvoie à des situations humaines difficiles. C'est encore le cas ici, où *tirer misère* signifie ***être dans un état de dénuement extrême***; on retrouve en France, le verbe *tirer* dans une autre variante imagée largement répandue (hélas) «tirer le diable par la queue» pour exprimer une vie rendue pénible par de grandes difficultés matérielles.

Tomber à bouchon*:** ici, le *bouchon* n'est pas cette pièce en liège, plastique ou verre qui ferme une bouteille. Cette expression ne signale pas non plus la rencontre avec un encombrement routier. En fait, ce *bouchon* provient du provençal «bocon» (issu de l'italien «bocconi», à plat ventre). *Tomber à bouchon*, c'est donc ***tomber à plat ventre! Cette expression (et cette mésaventure!) n'est pas typiquement auvergnate puisqu'on la rencontre aussi en Savoie et en Provence.

Tout mouillé de chaud*:** on peut être *mouillé* (du verbe mouiller, du latin «molliare», attendrir le pain en le trempant) par une douce pluie d'été, mais on ne sera pas pour autant *tout mouillé de chaud*. En revanche après un effort physique intense, lorsque des gouttes perleront sur votre front, vous pourrez dire que vous êtes *tout mouillé de chaud*, autrement dit ***trempé de sueur. Cette expression se rencontre aussi dans la région Rhône-Alpes, où l'on mouille également sa chemise.

À vous de choisir...

Français standard	Français régional
Apport Ce qui est apporté	*Apport* Fête de village
Cabochon Pierre précieuse	*Cabochon* Personne têtue

Basse-Normandie / Haute-Normandie

—

Aller à la rocaille : les paysagistes utilisent souvent la *rocaille* (du latin « rocca », roc, roche) pour créer les décorations de jardin. On se rappellera aussi que le « style rocaille », caractérisé par une profusion d'ornementations, fut à la mode sous Louis XV (on parle aussi de style *rococo*, mot formé à partir de « rocaille »). Mais *aller à la rocaille* ne traduit pas un déplacement dans un jardin mais une simple ***partie de pêche à pied dans les rochers*** à marée basse.

Chambre à grains : il existe toutes sortes de chambres (*chambre*, du latin « camera », voûte, puis pièce, salle) pour désigner des espaces et des lieux : chambre forte, chambre froide, chambre à air, chambre correctionnelle, Chambre des députés, et bien sûr la plus répandue, la chambre à coucher. *La chambre à grains* n'est évidemment pas un lieu où sévit le mauvais temps (avec des grains !) mais tout simplement ***la pièce où l'on entrepose la récolte de céréales, un grenier*** donc !

Cousin fréreux: voilà une expression qui évoque une affaire de famille puisque le *cousin* (du latin «consobrinus», cousin germain) est le descendant collatéral d'un oncle ou d'une tante; *le cousin fréreux* (ou la cousine fréreuse) désigne donc ***le cousin germain*** (ou la cousine germaine).

Effondrer une volaille: les sens courants du verbe *effondrer* (du latin «exfundare», défoncer, de «ex» et «fundus», fond) renvoient à l'action de démolition, de destruction. Dès lors, on saisit qu'*effondrer une volaille* doit développer une autre signification; celle-ci est en fait près du sens étymologique puisqu'il s'agit de ***vider une volaille de ses viscères*** par son «fondement»!

Enfant de haie: une course de haie, une haie d'honneur, tailler une haie, autant d'expressions dont la signification s'impose; en revanche, un *enfant de haie* pourrait résister à l'explication car l'*enfant* (du latin «infans», qui ne parle pas) est d'abord de ses parents! Et c'est tout le sens de cette expression qui évoque les amours champêtres et bucoliques et désigne un enfant illégitime, dont on peut imaginer la conception à l'abri des regards indiscrets, derrière une haie!

En saison: on sait qu'il y a une *saison* pour tout (du latin «satio», action de semer, semailles, saison des semailles), qu'il y a des fruits et des légumes de saison, la saison morte, la saison des pluies, des marchands de quatre-saisons, des tarifs de basse saison et de haute saison; arrêtons-là l'énumération! Si vous entendez une personne dire que sa chienne, sa chatte, sa vache, bref que son animal femelle est *en saison*, cela signifie qu'elle est ***en rut,*** bref que ***c'est l'époque des chaleurs***.

Faire poudrette: *a priori* cette activité ne vous est pas réservée, sauf si «vos ailes de géant vous empêchent de marcher»! En effet *faire poudrette* (*poudrette*, dérivé du latin «pulvis», poussière) désigne le comportement des poules qui font ***voler la poussière avec leurs ailes*** dans la basse-cour.

Faire une lavée: le confort moderne nous a fait oublier en partie qu'autrefois le lavage du linge était un travail long et pénible accompli par les femmes; *faire une lavée* (dérivé du verbe latin «lavare», laver), c'était donc charger le linge dans un panier et partir au lavoir pour passer parfois plusieurs heures ***à le laver en le frottant et en le rinçant*** dans une position inconfortable.

Faire son jars: le *jars* (de l'ancien francique, «gard», épine, aiguillon, baguette) comme chacun sait est le mâle de l'oie, réputé pour avoir un comportement sexuel impulsif, bruyant et ostentatoire devant les femelles. À cela, ajoutez la métaphore liée à l'étymologie du terme qui renvoie à la verge de l'animal, et vous aurez compris que *faire son jars*, c'est d'abord ***parader, faire le fanfaron devant la gente féminine***, dans l'espoir de l'impressionner. Par extension, l'expression s'étend à tous ***les comportements de m'as-tu-vu***. On notera que l'expression existe au Canada avec le sens également peu valorisant ***d'imbécile, de niais***.

Mêler ses sabots: aujourd'hui les *sabots*, ces chaussures paysannes en bois, qui ont très longtemps chaussé les pieds de nos ancêtres, appartiennent au passé et au folklore. L'expression est devenue doublement métaphorique, car si on ne porte plus guère de sabots, l'action qu'elle indique continue d'unir les hommes et les femmes. En effet, lorsqu'un homme déclare qu'il a *mêlé ses sabots* avec une femme, il indique ***qu'il a eu des relations sexuelles avec celle-ci***. Nous pourrons toujours avancer que cela ne nous regarde pas, même si nous pensons en notre for intérieur que ce personnage n'avait pas les deux pieds dans le même sabot! On notera que le verbe *mêler* (du latin «miscere», mêler, mélanger) possède une forme pronominale qui induit déjà la relation sexuelle («se miscere», se mêler, s'accoupler).

Pêcher à la folle: si vous croisez sur le port un marin qui vous dit : «je crois qu'aujourd'hui je vais aller pêcher à la folle!», pas de méprise, il ne vous prévient pas qu'il va pêcher n'importe comment sous l'emprise de la folie. La *folle* (du latin «follis», enveloppe, outre gonflée) est ***un filet à larges mailles pour la pêche en mer***. Ce marin vous indique donc qu'il va utiliser un filet destiné à ne capturer que de très gros poissons.

Pluie d'abat: il ne vous a pas échappé que le mot *abat* est au singulier et non au pluriel; il ne s'agit donc pas de ces bas morceaux de boucheries, les abats (cœur, foie, mou, rate, rognons, tripes, langue, ris) que l'on trouvait autrefois chez le tripier! Sinon, quelle image, qu'une ondée sanguinolente! Ici *abat* (dérivé du verbe latin «abaterre», abattre) suggère une chute brutale : une *pluie d'abat* est donc ***une averse aussi soudaine que violente***. Si l'on est surpris par *une pluie d'abat*, on est quitte pour être trempé, ce qui demeure malgré tout moins gênant que de se retrouver sous une pluie d'abats!

S'essuyer le bec: quelle vision! Ici, le *bec* (du latin «beccus», bec d'oiseau) désigne par une image populaire ***la bouche***, tout comme le verbe «s'essuyer» (du latin «exsuccare», tirer le suc de) qui n'indique pas une action de séchage mais… de renoncement. Si une personne déclare à une autre : «tu peux *t'essuyer le bec*, je n'accepterai pas ce marché», cela signifie que cette personne ***devra renoncer au projet auquel elle tenait*** : en quelque sorte, on lui enlève le pain de la bouche!

Toile d'emballage: soyez prudent, si l'on vous invite avec un grand sourire à passer *la toile d'emballage*, on ne vous demande pas un quelconque tissu pour emballer un objet, non! Cette *toile* (du latin «tela») est ***une serpillière***! C'est donc une invitation ***à passer***

la serpillière sur le sol! On se rappellera alors une fois de plus que les tâches ménagères ne sont pas sans noblesse, même si l'on préfère surfer sur la toile (Internet) ou se faire une toile (aller au cinéma)!

Un tantet de: vous reprendrez bien *un tantet de* ce délicieux calvados avec votre café! Vous l'avez compris *un tantet de* signifie ***un peu, une petite quantité***. *Tantet* (du latin «tantum», tant) s'employait aussi autrefois dans le français standard; on le rencontre encore sous une autre forme, dans la locution adverbiale «un tantinet».

À vous de choisir...

Français standard	Français régional
Actionner Mettre en mouvement	*Actionner* Poursuivre quelqu'un
Banque Commerce et service de l'argent	*Banque* Terrain en pente

Français standard	Français régional
Bateau Engin flottant pour la navigation	***Bateau*** Bréchet d'une volaille
Bave Salive	***Bave*** Bavardage
Sauterelle Insecte à longues pattes postérieures	***Sauterelle*** Marelle

Bourgogne

Aller à la blonde: depuis toujours, les couleurs transportent des sens et des valeurs symboliques dont l'origine n'est pas toujours clairement établie. Ainsi, aujourd'hui, un grand nombre de blagues, plus ou moins subtiles (plutôt moins!) circulent sur les femmes blondes : la couleur *blonde* (du germanique « blunda ») étant supposée révéler une certaine naïveté, voire un manque d'intelligence. Curieux destin, car *la blonde* a longtemps été une métaphore qui désignait la compagne ou la fiancée (c'est encore le cas au Canada); quant à *aller à la blonde*, elle relève du vocabulaire des séducteurs et désigne ***l'action de chercher des rencontres et des aventures féminines***, sans distinction de couleur...

Aller aux portes: la *porte* (du latin « porta », passage) est un terme que l'on retrouve dans un grand nombre d'expressions françaises. Ici, nous ne sommes pas à Paris, donc il ne s'agit pas d'aller par le périphérique à une sortie de la ville comme la porte Dauphine, la porte de la Chapelle, la porte de Clignancourt, la porte de Pantin, la porte de Saint-Cloud... Rien de réjouissant avec cette expression qui signifiait ***aller frapper aux portes des maisons pour faire l'aumône*** dans une sorte de porte-à-porte de la mendicité. Son emploi aujourd'hui est principalement métaphorique mais garde hélas toute sa signification.

Avoir la dringue*:** cette expression n'évoque pas un grand moment de poésie, mais un état physiologique peu agréable qui se traduit par un écoulement fréquent de selles liquides… Vous l'avez compris, la *dringue* (mot d'origine picarde que l'on retrouve dans l'argot parisien) désigne la diarrhée. *Avoir la dringue*, c'est donc ***avoir la diarrhée… On notera que ce phénomène peut hélas toucher des habitants de toutes les régions, mais se retrouve également sous cette forme (si j'ose dire) en Auvergne. Prise dans un sens très familier, l'expression peut signifier ***avoir peur***.

Bête à linge*:** même si vous êtes un ami des bêtes (*bête*, du latin « bestia »), il est vraisemblable que la découverte de *bêtes à linge* dans votre armoire ne vous réjouira pas, car vous serez en présence d'arthropodes, autrement dit des ***mites, dont la grande spécialité est de ronger les tissus.

Coucher à la rechaude: la *rechaude* (construit d'après le latin «caldus», chaud) existe également sous sa forme plus connue, le *réchaud*; mais dans cette expression, ce n'est pas directement l'ustensile de cuisson dont il s'agit, mais surtout de l'idée de chaleur qu'il implique. *Coucher à la rechaude* ne consiste donc pas à dormir dans un lit préalablement réchauffé par un quelconque ustensile (comme la bassinoire), mais tout simplement à se *coucher dans un lit qui n'a pas été aéré* et qui serait susceptible de contenir encore un peu de la chaleur du précédent occupant. Une telle pratique indique évidemment un manque de temps ou d'hygiène (voire les deux!).

Envoyer aux pives: *la pive* (du latin «pipa», flûte, sifflet) est le fruit des conifères, notamment des sapins. Si vous *envoyez quelqu'un aux pives*, ce n'est pas une amabilité car cela signifie que ***vous l'avez envoyé promener, ou se faire voir, ou encore au diable***; bref que vous l'avez repoussé sans ménagement! Cette expression peu amène se comprend aussi en Savoie. En français standard, il existe une expression de même sens, plus fleurie mais plus piquante : ***envoyer sur les roses***!

Être arrête : « être ou ne pas être, là est la question », on connaît la fameuse alternative existentielle posée par Hamlet (W. Shakespeare, 1564-1616), sur laquelle l'esprit peut s'agiter constamment. En revanche, *arrête* (du latin « arrestare », *arrêter* de « ad » et du verbe « restare », demeurer) suggère l'idée d'une pause ; c'est pourquoi, si vous dites : « j'ai beaucoup travaillé cette semaine, ce week-end, je *suis arrête* à la maison », cela signifie que vous avez décidé de ***rester tranquille, au repos*** chez vous. Vous avez bien mérité *d'être arrête*...

Être habillé en bordèle : voilà une expression qui manque de transparence et pourtant ! La *bordèle* est le nom que l'on donne au hanneton, qui se disait parfois en ancien français « bordon » (onomatopée désignant également le « bourdon ») ; or ce coléoptère, friand des feuilles des arbres, peut (surtout lorsqu'il est en colonie) littéralement déshabiller un arbre de ses feuilles pour ne laisser apparaître que les branches. C'est sans doute cette caractéristique qui anime l'expression *être habillé en bordèle*, employée pour désigner une femme dont ***les vêtements rendent visibles les... sous-vêtements***. Voilà une expression qui n'est pas piquée des hannetons !

Faire des grelots : le *grelot* (du verbe germanique « grillen », crier de colère, et de l'adjectif « grell », aigu au sujet d'un son) est bien cette petite boule de métal creuse qui contient un morceau de métal et résonne lorsqu'on l'agite. *Faire des grelots* n'est pourtant pas une activité artisanale, mais un constat météorologique ! Si une pluie soudaine et violente vous oblige à vous réfugier sous un porche pour échapper au déluge, vous pouvez en attendant l'éclaircie, passer un coup de fil et dire : « je serai un peu en retard, car il *fait des grelots* ! ». Votre interlocuteur comprendra qu'il ***pleut à verse*** à l'endroit où vous vous trouvez.

Faire sa cadoue : certains mots résistent à livrer leur origine, c'est le cas de *cadoue* pour lequel les lexicographes restent sans voix (et sans voie !). Je vous imagine l'air dubitatif, voire mécontent, avec les lèvres légèrement sorties dans un mouvement de déception ; si c'est le cas, alors je peux vous dire : « soyez beau joueur, on n'a pas réponse à tout, *faire sa cadoue* ne changera rien ! » Autrement dit ***bouder de manière visible*** ne résoudra pas l'énigme !

Faire sa Saône*:** la *Saône* (du celte «souconna») est une rivière de 480 km qui prend naissance dans les Vosges et se jette dans le Rhône à Lyon. Si lors d'une promenade, une personne vous déclare en se tortillant sur place qu'elle cherche un petit coin pour *faire sa Saône*, vous devrez comprendre qu'elle cherche à s'isoler pour ***uriner! On sait bien que les petites rivières font les grands fleuves...

Fleurer la meurette*:** voilà une expression qui sent bon et aiguise l'appétit! La *meurette* (du latin «muria», eau salée) est un plat mijoté, connu également sous le nom de matelote (poissons accompagnés d'une sauce au vin rouge et oignons). *Fleurer la meurette*, c'est donc littéralement sentir la bonne odeur de ce plat et au sens figuré ***chercher à se faire inviter à manger. Une personne qui *fleure la meurette* a donc flairé l'occasion de faire un bon repas!

Jeter au cheni*:** rien d'étonnant à ce que le *cheni* (du latin «canile», dérivé de «canis», chien) ait perdu sa consonne finale «l», car ce terme qui désigne d'abord un logement pour des chiens, est aussi un ***local sale où sont entreposés en désordre des rebuts. Par extension, il peut devenir la poubelle dans laquelle on met les déchets. *Jeter au cheni* un emballage, c'est donc le ***mettre à la poubelle*** (évidemment le *cheni* de couleur jaune pour respecter le tri des déchets!)

Peigner le chat: on peut *peigner* (du latin «pectinare», dérivé de «pecten», peigne) les cheveux, les poils d'une barbe et aussi ceux d'un animal; mais de nombreux sens métaphoriques, parfois obscurs se sont développés. Ainsi, il existe en français l'expression curieuse *peigner la girafe* qui a le sens de ne rien faire, prendre son temps, ou s'adonner à des plaisirs solitaires; on trouve aussi une vieille expression *avoir des chats/chiens à peigner*, avec le sens d'avoir des préoccupations plus importantes. Mais ici, *peigner le chat* traduit ***l'échec d'une tentative amoureuse*** : on dira d'un jeune homme qu'il *peigne le chat* si, après avoir déclaré son amour à une jeune fille, celle-ci ***l'éconduit***. Aujourd'hui, en langage familier, on dirait qu'il s'est «pris un râteau» (une autre forme de peigne!).

Roue de Saint-Bernard: la *roue* (du latin «rota») est sans doute l'une des manifestations les plus visibles du génie humain, aux alentours de 3500 av. J.-C. Omniprésente, on la retrouve aussi dans un grand nombre d'expressions : ici, l'association avec saint Bernard pourrait faire penser à ce chien de montagne spécialisé autrefois dans le sauvetage en montagne ; la roue de Saint-Bernard serait alors une espèce de « roue de secours ». En fait, ce Saint-Bernard est une allusion à un personnage bourguignon célèbre qui a marqué la région, Bernard de Fontaine, moine de l'ordre monastique de Cîteaux et canonisé par l'Église en 1174. La roue dont il est question ici n'est pas une figure de gymnastique mais une image pour désigner ***un arc-en-ciel*** ! Il existe des variantes comme la couronne de Saint-Bernard, ou de Saint-Barnabé.

À vous de choisir...

Français standard	Français régional
Cravate Pièce d'étoffe autour du cou	*Cravate* Peau pendante sous le coup de certains animaux
Fantaisie Chose originale	*Fantaisie* Pâtisserie frite

Français standard	Français régional
Fuseau Petit instrument pour enrouler le fil	***Fuseau*** Barreau d'échelle
Marteau Outil de percussion	***Marteau*** Molaire
Rente Revenu périodique	***Rente*** Maison à l'écart
Trappe Porte à charnières dans un sol ou un plafond	***Trappe*** Pot à crème

Bretagne

Aller à la pique: tout d'abord, il convient de préciser de quelle *pique* (dérivé du latin «pikkare», piquer, frapper) il s'agit. Écartons la lance, l'ancienne unité de mesure (environ 1,60 m), la couleur noire du jeu de cartes, la parole caustique, le sarment de vigne en arc de cercle, la pointe du jour (région Centre) : la *pique* en question reprend un sens familier du verbe *piquer* : voler, dérober. *Aller à la pique* dans un verger, c'est ***aller y voler des fruits*** avec le risque de rencontrer un autre sens du verbe piquer en se faisant «prendre et arrêter»!

Aller d'un bord et de l'autre: en Bretagne, la mer et l'océan ne sont jamais très loin, et si cette expression a une origine maritime certaine, *bord* (du francique «bord», bord d'un vaisseau), son emploi courant n'oblige pas à être matelot et relève d'une métaphore où se côtoient pessimisme, désabusement et constat réaliste : *aller d'un bord et de l'autre* traduit une sorte de statu quo, d'état stationnaire, de constat pour signifier que ***l'on ne va ni bien, ni mal***. Bref que c'est bof!

Crouiller la porte : cette expression se plaît dans l'Ouest de la France, notamment en Mayenne, dans le Maine-et-Loire et en Bretagne, particulièrement à Belle-Île. Lorsque vous *crouillez une porte*, cela n'a rien de mystérieux, cela signifie que ***vous la fermez à clé***; en revanche, l'origine du verbe *crouiller* reste obscure. On notera qu'il existe dans la région (mais aussi en Provence) une variante « claver la porte », mais ici *claver* nous donne heureusement la « clé » de son origine, dérivée du latin « clavis », la clé.

Dame oui / dame non ! : *dame* (du latin « domina, domna », maîtresse de maison, amie, souveraine) apparaît dans une expression employée ***comme interjection essentiellement orale pour marquer*** la surprise ou le renforcement d'une affirmation. Si à une question sur la présence d'une personne à un endroit, on vous répond : « dame, oui, je l'ai vu comme je vous vois ! », cela signifie « bien sûr qu'il était là, je l'ai vu ! » Ici, *dame oui !* est une forme abrégée de ***Notre-Dame, la Vierge Marie***; cette allusion et son caractère sacré sont comme une sorte de preuve supplémentaire à l'affirmation.

Être bien bordé : *border* (construit sur « bord », garnir le bord de quelque chose) s'emploie pour différentes actions ; par exemple, on peut border une voile (la raidir), un lit (replier les draps et la couverture sous le matelas), une affaire (tout contrôler), et être soi-même bien bordé. L'expression, qui suggère avec l'adverbe « bien » une situation positive et maîtrisée, indique ***un état de bonne humeur et de gaieté*** : *être bien bordé* équivaut à des expressions familières comme ***être bien luné ou être de bon poil.*** Attention, l'humeur étant versatile, la tournure *être mal bordé* existe aussi !

Être prime à : l'adjectif *prime*, malgré son étymologie favorable dans un monde de compétition où l'on compte (du latin « primus », premier), a aujourd'hui un usage limité : devenu adulte, on peut porter un regard nostalgique sur le temps qui passe et sur sa *prime* jeunesse qui ne reviendra pas. Cependant, on peut malgré tout conserver une certaine vitalité et *être prime à répondre* à une question qui teste nos connaissances ; en d'autres termes, ***faire preuve de vivacité d'esprit en répondant très vite et très bien***.

Faire endêver : si le verbe *endêver* (construit avec «en» et l'ancien français «desver», enrager, devenir fou) est passé de mode aujourd'hui dans le français courant, il continue à faire de la résistance en Bretagne (mais aussi en Lorraine) en créant des tensions. En effet, si vous *faites endêver quelqu'un*, cela signifie que ***vous l'énervez***; si une situation ou une attitude vous *fait endêver*, là c'est vous qui ***êtes énervé***! Pour calmer vos nerfs, vous serez sans doute ravi d'apprendre qu'*endêver* a probablement le même radical que le verbe *rêver*!

Faire gentil à quelqu'un : vous serez d'accord pour reconnaître que la douceur est toujours la bienvenue. Si vous *faites gentil* à votre interlocuteur, cela ne signifie pas que vous lui intimez l'ordre de bien se comporter avec vous (comme on dirait par exemple à un chien que l'on sent menaçant : «*gentil le chien!*»); tout au contraire! Cela indique que c'est vous qui vous ***montrez aimable, prévenant, délicat avec la personne*** en question. On notera que l'étymologie de *gentil* pourrait faire penser qu'il s'agit d'une qualité se transmettant de manière héréditaire (du latin «gentilis», propre à la race, à la famille, et par extension, aimable, gracieux) : or, dans notre monde souvent brutal, il semblerait avéré que ce trait de caractère saute parfois plusieurs générations…

Gueule de vent debout : voilà une expression qui nous ramène au temps de la marine à voile où le *vent* (du latin «ventus») était la force invisible avec laquelle il fallait sans cesse composer pour avancer. Lorsqu'un bateau se retrouvait *vent debout*, cela signifiait qu'il avait un ***vent directement opposé à la direction qu'il voulait prendre***, autrement dit une situation guère favorable. Rencontrer quelqu'un qui a une *gueule de vent debout*, c'est donc se retrouver devant ***un visage peu agréable, voire hostile***, bref qui donne envie de mettre tout de suite les voiles! Pour le plaisir de l'image, il existe en français familier une belle expression de même sens : «avoir une gueule à caler des roues de corbillard»!

Hors-venu: construite à partir de la préposition *hors* (du latin «foris») et du participe passé de *venir* (du latin «venire»), l'expression *hors-venu* a ici un caractère neutre (*a priori*) pour indiquer qu'***une personne vient d'une autre région***. On se rappelle la chanson de Georges Brassens (1921-1981), ***La ballade des gens qui sont nés quelque part***, qui se moquait avec humour de «*ces imbéciles heureux*» qui, sous prétexte de revendiquer leurs racines, cultivent la méfiance de l'autre, de l'étranger, et révèlent surtout préjugés, ostracisme et bêtise.

Mettre quelque chose à la jaille: aujourd'hui, le comportement écologique fait doucement son chemin, et nous intégrons progressivement les pratiques de tri, de la déchetterie aux poubelles sélectives, pour jeter ce qui est cassé, devenu inutile ou dont on cherche simplement à se débarrasser. *Mettre quelque chose à la jaille*, c'est ***le mettre à la poubelle*** : le problème ici, c'est que l'origine de *jaill*e est sans doute aussi partie à la poubelle, car elle reste inconnue. On peut avancer l'hypothèse raisonnable d'une proximité avec le verbe *jeter* (du latin «jactare»), mais rien de plus! Ce qui est sûr c'est qu'à une époque où règne le «jetable», cette *jaille* mystérieuse est très sollicitée!

Sonner le biniou, la bombarde: comme dans les autres régions, beaucoup de choses sonnent en Bretagne : les cloches, la trompette, le cor, le clairon, le gong, la cymbale, le réveil. À cette liste non exhaustive, il faut ajouter le groupe de musiciens (le bagad) jouant les airs bretons en faisant sonner leurs binious et leurs bombardes, autrement dit en ***soufflant dans leurs instruments pour produire des notes de musique***. Pour entendre *sonner* (du latin «sonare»), rendez-vous à Gourin dans le Morbihan au début du mois de septembre où se déroule chaque année, le championnat de Bretagne des couples de sonneurs (biniou / bombarde et cornemuse / bombarde).

Souffler dans le biniou: le *biniou* (du breton «biniou-kozh», vieille cornemuse) est un instrument de musique composé d'une poche en peau de vache ou de mouton, d'un porte-vent (sutell) chargé d'envoyer l'air dans la poche, d'un bourdon donnant la note continue et d'un hautbois (levriad) pour jouer la mélodie. Lorsqu'un sonneur souffle dans son biniou, rien de plus normal; en revanche, lorsqu'un conducteur *souffle dans le biniou* lors d'un contrôle routier à l'invitation des gendarmes, cela ne signifie pas qu'on lui demande d'interpréter un air du folklore breton mais simplement de ***souffler dans un éthylotest*** pour vérifier son taux d'alcoolémie.

Tomber dans la liche: voilà une «chute» dont il est parfois très difficile de se relever! En effet, la *liche* (du verbe *licher* dérivé de *lécher*, du francique « lekkon ») désigne une ***tendance à boire pour se saouler***, autrement dit à la beuverie ; ainsi, une personne *tombée dans la liche* est une ***personne devenue alcoolique***.

Veine de soleil : il existe plusieurs sortes de *veines* (du latin « vena »), vaisseau qui amène le sang au cœur, filon d'un minéral, chance, inspiration artistique ou encore nervure de feuille. Quant aux *veines du soleil*, elles évoquent cette situation exceptionnelle qui se produit parfois en Bretagne lorsque les nuages couvrent le ciel ! ***Seuls quelques rayons percent*** et rappellent la présence du soleil. Évidemment pour voir un tel spectacle, il faudra vous armer de patience et attendre le passage improbable de nuages ! Sinon, si vous avez la *veine poétique*, vous pouvez toujours vous replonger dans la mythologie grecque et imaginer que le soleil (Hélios) est un char conduit par le dieu Apollon qui vient chaque jour apporter sa lumière et sa chaleur aux hommes et que ce sont les rayons des roues du char qui passent dans le ciel.

À vous de choisir...

Français standard	Français régional
Bonhomme Homme agréable	*Bonhomme* Mari
Cancre Mauvais élève	*Cancre* Crabe
Chaire Tribune en hauteur dans une église	*Chaire* Chaise
Châsse Coffre à reliques	*Châsse* Cercueil
Dérobée Porte dérobée, porte secrète	*Dérobée* Danse
Goutte Petite quantité de liquide	*Goutte* Eau de vie
Pardon Action de pardonner	*Pardon* Fête annuelle religieuse

Centre

Avoir son plumet* :** la mode aujourd'hui ne laisse plus beaucoup de place au *plumet* (du latin « pluma », plume), cet assemblage de plumes colorées qui ornait autrefois le chapeau des dames et plusieurs coiffures militaires comme le shako des saint-cyriens avec ses plumes de casoar. Cependant, même sans chapeau, on peut avoir des couleurs sur la tête, non pas sur le crâne mais sur le visage, sous l'effet de l'ivresse qui provoque la dilatation des vaisseaux sanguins. *Avoir son plumet* signifie alors ***être ivre (on notera qu'il existe des variantes qui font appel à la même métaphore : « avoir le pompon » et sa dérivée « être pompette »).

C'est de la moutarde après dîner* :** la *moutarde* (du latin « mustum », moût) est un condiment qui accompagne un grand nombre de plats depuis l'Antiquité. C'est donc à table et au moment de manger que sa présence et son utilisation sont appréciées. C'est pourquoi si une personne s'exclame d'un air dépité : « c'est de la moutarde après dîner ! », cela signifie qu'elle reçoit ***quelque chose qui arrive trop tard au moment où elle n'en a plus besoin; à ce moment-là, gare, la moutarde pourrait lui monter au nez!

Chasse-cousin: le mot *chasse* (dérivé du verbe latin «captare», chercher à prendre) évoque d'emblée une action de poursuite ou de rejet; quant au *cousin* (du latin «consobrinus», cousin germain), ce n'est pas cet insecte diptère, voisin du moustique, mais le membre rapproché de la famille. Dès lors on peut imaginer que le *chasse-cousin* est une pratique, une technique pour éloigner un parent indésirable; et l'on aura raison, car le *chasse-cousin* est ***un très mauvais vin*** que l'on peut (si l'on n'est pas charitable) proposer à un cousin, mais plus généralement à un invité importun. Ce mot composé peut aussi caractériser un vin sans qu'il soit besoin de l'utiliser pour éloigner une personne. Dans son roman, ***La Terre***, dont l'intrigue se déroule dans la Beauce, Émile Zola (1840-1902) utilise d'ailleurs cet emploi : «*Elle avait, (...), un reste de vin tourné, qu'elle ne pouvait boire, tant il était aigre, et qu'elle appelait du chasse-cousin.*»

Corder avec quelqu'un: *corder* (forme dérivée du verbe *s'accorder*, du latin, «cor, cordis», coeur) signifie ici ***bien s'entendre avec quelqu'un***, donc être dans une même disposition de cœur. Si, en observant (avec discrétion naturellement) des amoureux sur un banc public, vous dites : «*ça corde bien entre ces deux-là*», ce sera une manière de dire que ***leurs cœurs battent à l'unisson***. Évidemment, si cela se termine par un mariage, il faudra éviter le mauvais cliché qui consiste à dire qu'ils se sont passés «la corde au cou»!

Donner un coup de fion*:** levons tout de suite une possible équivoque, le *fion* dont il est question ici n'a rien à voir avec le terme argotique qui désigne le derrière… Cela dit, le *fion* qui nous intéresse est une altération du verbe *fignoler* ou du mot *fin* (tous deux issus du latin «finis», accompli, fin). Dans le domaine de l'art, le *fion* est la touche finale mise à un travail pour l'embellir; *donner un coup de fion* c'est donc ***achever avec soin la réalisation d'un travail. J'espère que cette explication est suffisante et ne réclame pas un coup de fion supplémentaire!

Faire son jau*:** nous avons une propension à rechercher chez les animaux des traits de caractère dont nous pouvons être porteurs (*bête comme un âne ou* *une oie, fort comme un lion, agile comme un singe,* etc.). Le coq n'échappe pas à la tradition : ainsi, avant d'être l'emblème de la Nation française, le coq gaulois supporte une réputation peu enviable de prétentieux et de suffisant, sans doute liée à son allure qui peut sembler affectée et à son comportement souvent agressif dans la basse-cour. Ainsi nous connaissons l'expression ***être fier comme un coq (dont *fier comme un pou* est une variante) à laquelle nous pouvons ajouter son doublon *faire son jau* qui a le même sens. En effet, *jau* est une forme de l'ancien français *jal* (représentant le latin « gallus »), oublié par l'usage de l'onomatopée *coq* inspirée du cri du volatile.

Fermer son parapluie : d'emblée, on pourrait penser qu'il s'agit d'une bonne nouvelle et que le soleil revient ; hélas, non, si vous entendez à propos d'une personne : « *elle a fermé son parapluie* », cela annonce qu'***elle est morte***. On sait que la mort effraie et que, pour l'évoquer, l'homme utilise toutes sortes de périphrases : « *il a vécu ; il nous a quitté ; il est parti pour un monde meilleur* (merci pour ceux qui restent !) ; *le dernier voyage ; le sommeil éternel ; le passage de la grande faucheuse* » ; d'autres expressions, plus familières, évoquent aussi le phénomène : «*manger les pissenlits par la racine; graisser ses bottes*; *casser sa pipe*»; *fermer son parapluie* appartient à cette série et signifie donc ***cesser de vivre***. On notera que la présence du *parapluie* (construit avec «para» et le latin «pluvia», pluie) suggère que cette vie n'a pas rencontré que du beau temps...

Giboulée de curé : si l'origine du mot *giboulée* demeure obscure (nous pencherons pour l'hypothèse occitane à rapprocher du verbe «gibourna», grésiller), on connaît bien en revanche les giboulées de mars, ces averses soudaines et violentes parfois accompagnées de grêle; la «giboulée de curé» en est une variante métaphorique qui s'appuie sans doute sur l'analogie entre le noir de la soutane et ***l'assombrissement soudain du ciel par les nuages***; on observera que, dans les deux cas, le ciel est convoqué!

Il fait benaise : *benaise, benaise*? Ne cherchez pas, ne froncez pas les sourcils et soyez tout à fait à l'*aise* (du latin «adjacens»), car *benaise* est une altération de l'expression *bien aise*. Si en regardant d'un œil ravi un beau soleil matinal, une personne vous dit : «il *fait benaise* aujourd'hui», elle vous indique sa satisfaction devant ***la belle journée*** qui s'annonce. À votre tour, vous pourrez en déduire que cette personne *est benaise*, c'est-à-dire ***contente.*** J'espère que maintenant vous êtes bien aise de cet «éclaircissement»...

Lit à la parisienne: la vie dans la capitale parisienne passe pour être agitée, frénétique et stressante, comme une incessante course contre la montre. Ce constat se retrouve dans l'observation d'un certain nombre de tâches domestiques : par exemple, celle qui consiste à refaire chaque jour son *lit* (du latin «lectus») en secouant et rebordant consciencieusement les draps et la couverture. *Faire son lit à la parisienne* signifie qu'on laisse ***son lit en désordre en rabattant simplement draps et couvertures*** après que l'on a dormi dedans, oubliant au passage le fameux proverbe «comme on fait son lit on se couche!» C'est sans doute ce qui explique aujourd'hui le succès des couettes!

Trahir quelqu'un : parmi les valeurs morales qui construisent les relations humaines, la confiance et l'assurance de l'engagement pris tiennent une place majeure; et chacun sait que les *trahir* (du latin «tradere», transmettre, livrer) constitue une faute. À ce titre, l'histoire de l'humanité est marquée par des figures édifiantes de traîtres réels ou fictifs : Judas trahissant Jésus, Brutus trahissant César, Ganelon trahissant le chevalier Roland, Iago trahissant son maître Othello. Mais ici, pas d'inquiétude, si vous trahissez quelqu'un, vous ne rejoindrez pas cette liste d'infâmes. Si vous dites au cours d'un repas de famille : «*hier, j'ai trahi Marcel en train de manger une énorme pâtisserie*», cela voudra simplement dire que ***vous avez surpris*** Marcel en flagrant délit de gourmandise.

Une bouteille de boisson : *Qu'importe le flacon, pourvu qu'on ait l'ivresse*, s'exclame un personnage d'Alfred de Musset; voire... ou boire? Cela se discute, cela semble logique qu'une bouteille puisse contenir un liquide destiné à être bu; mais méfiance car dans cette expression la *boisson* (du latin «bibitio», action de boire) désigne ***une eau de vie coupée avec de l'eau*** (qui perd donc tous ses arômes!) ou, pire encore, un petit vin proche de ***la piquette*** et prompt à transformer votre estomac en passoire! À choisir entre la peste et le choléra, voilà une expression qui invite à rester sobre !

À vous de choisir...

Français standard	Français régional
Brimer Soumettre à des épreuves vexatoires	***Brimer*** Pleuvoir faiblement
Fade Manque de saveur ou de caractère	***Fade*** Fée
Goujat Homme grossier	***Goujat*** Apprenti maçon
Sornette Fausse affirmation	***Sornette*** Surnom
Tonne Grand tonneau ou unité de mesure	***Tonne*** Abri dans les vignes ou le jardin

Champagne-Ardenne

Avoir une plume dans l'œil*:** *l'œil* (du latin «oculus») est employé dans toutes sortes d'images, ce qui semble bien normal pour cet organe essentiel et fragile qui nous permet d'avoir un regard sur le monde et mérite donc évidemment tous nos soins. Nous savons tous que l'allusion «voir la paille dans l'œil du voisin et ne pas voir la poutre dans le sien» est fort heureusement du domaine de la métaphore pour signaler la promptitude à voir les défauts des autres et un peu moins les siens! De la même manière *avoir une plume dans l'œil* est un tour métaphorique, car on y voit mal (c'est le cas de le dire!) la présence d'une plume! Cette expression s'appuie sur l'usage ancien de la plume dans le rembourrage de certaines pièces de literie : ainsi «se mettre dans la plume» signifiait *se mettre au lit.* On saisit alors que par glissement métaphorique *avoir une plume dans l'œil* équivaut à avoir la vision d'un lit dans le regard, bref à ***avoir sommeil!

En raie d'oignons*:** l'*oignon* (du latin «unio», grosse perle), plante potagère dont le bulbe a tendance à faire pleurer lorsqu'on l'épluche, est généralement planté en rangs serrés, pour limiter le développement des bulbes. Par analogie, lorsque des choses ou des personnes sont mises ***sur une seule ligne à la file, on dit qu'elles sont en rang *d'oignons*; *en raie d'oignons* est une variante du même sens qui s'appuie de manière plus précise sur la technique agricole évoquée plus haut, car le mot *raie* (du gaulois «rica») signifie *sillon*.

Être bique et bouc*:** *bique et bouc* ne sont pas (pas encore, tout du moins) des personnages de bande dessinée. *Bique* (altération de *biche* par croisement avec *bouc*, du gaulois «bucco») désigne une chèvre; dès lors, si l'on vous demande votre avis pour faire un choix et que vous répondez : «*c'est bique et bouc*», cela signifie que pour vous ***c'est égal et que vous n'avez pas de préférence. Par ailleurs, il ne vous aura pas échappé que *bique* désigne un animal femelle et *bouc* un animal mâle : l'expression peut alors être employée soit pour désigner une personne qui semble asexuée, soit pour exprimer d'une manière très péjorative son homosexualité.

Faire brouette: la *brouette* (du latin «birota», véhicule à deux roues) a connu son heure de gloire quand, à deux roues, elle transportait des personnes (chaise à porteurs) et à une roue servait au transport des matériaux. Elle véhiculait aussi (c'est le cas de le dire!) des sens négatifs : «être condamné à la brouette» signifiait être condamné aux travaux forcés (où l'on creusait beaucoup!); «avancer comme une brouette» signifie *progresser péniblement*. *Faire brouette* appartient à cette série négative et veut dire ***échouer dans une entreprise*** quelconque. Dès lors, on comprend qu'il vaut mieux rouler carrosse!

Il pleut à bouteilles: les métaphores pour parler du temps, et notamment de la pluie, abondent. Lorsqu'il *pleut* (du verbe latin «plovere»), on s'attend certes à une précipitation liquide mais pas à recevoir son contenant (ici *les bouteilles*!) comme pourrait le laisser supposer cette expression. Même si en Champagne on peut voir des bouteilles partout, il s'agit en fait d'une métaphore pour indiquer ***qu'il pleut beaucoup, à verse***. Maintenant, rien ne vous interdit de rêver à une pluie de fines bulles...

Sauve-canaille : quel rapport entre une plante dicotylédone tubéreuse introduite en France à la fin du XVIe siècle dans l'Est de la France, autrement dit la « truffe rouge » plus connue sous le nom de *patate*, et une *canaille* (de l'italien « canaglia », troupe de chiens) désignant une personne peu recommandable ? A priori aucun, pourtant l'association des deux termes se retrouve dans un plat de *sauve-canaille*, c'est-à-dire un ***plat de pommes de terre*** ! Il est probable que la consommation des pommes de terre, souvent plat unique, dans les milieux pauvres et populaires a contribué à la naissance de ce vocable à la connotation méprisante.

Se lever matin : le *matin* (du latin « matutinum tempus », temps du matin) est à la fois le commencement du jour et aussi celui de la majorité des activités humaines ; donc quoi de plus normal que de se lever ? Mais ici, *matin* n'est pas un nom mais un adverbe qui signifie ***très tôt, dans le temps du matin*** : si vous *vous levez matin*, c'est donc très tôt, peut-être même avant qu'il fasse jour ! Connaissant l'adage selon lequel l'avenir appartient à ceux qui se lèvent tôt, vous aurez donc pris la précaution de vous coucher de bonne heure, car comme dit la chanson «coucher tard, lever matin, ce n'est pas ça qui fait du bien!»

À vous de choisir...

Français standard	Français régional
Définir Caractériser quelqu'un ou quelque chose	*Définir* S'arrêter
Ouate Bourre de coton	*Ouate* Exprime la négation

Franche-Comté

Avoir de l'embauche **:** par ces temps où le chômage sévit, la possibilité d'avoir un travail est toujours la bienvenue. Synonyme populaire, l'*embauche* (du verbe *embaucher*, antonyme de *débaucher*, fendre du bois pour en faire des poutres, de l'ancien français «bauch», poutre) peut s'employer pour toutes sortes d'activités. Soyez donc prudent sur l'interprétation d'une phrase comme celle-ci : «ce jeune homme *a de l'embauche* régulièrement», car elle signifie en réalité que cette personne est un véritable don Juan et ***a de nombreuses aventures sentimentales***! On pourra toujours dire qu'il s'agit peut-être d'une activité à plein temps et se rappeler que le terme *embauche* est de la même famille que *débauche*!

Causer quelqu'un **:** on peut *causer* (du latin «causari», disputer, plaider) littérature, musique, politique, affaires, chiffons, mais d'une manière générale cela s'adresse à quelqu'un que l'on entretient de ces divers sujets. En revanche, *causer quelqu'un* (et non causer à quelqu'un!) nous emmène sur un tout autre terrain. Si vous entendez une personne déclarer : « Oh, celui-là, il *cause toutes les filles* qu'il rencontre ! », vous comprendrez que l'on vous parle d'un séducteur qui ***cherche à courtiser*** toute la gente féminine ; un brillant causeur en quelque sorte, mais qui pourra s'entendre dire lorsqu'il essuie un échec « cause toujours ! »

Entrer gendre : quand un homme épouse une femme, il entre dans une nouvelle famille et devient le *gendre* (du latin « gener ») des parents de sa femme. Quand il *entre gendre,* il franchit un pas supplémentaire dans cette intégration puisque cela signifie qu'il ***va habiter dans la famille*** de sa femme et que dans certains cas, ***il prend la succession du métier de son beau-père.***

Épurer le linge : ne vous étonnez pas si vous entendez une personne qui vient de laver un linge devant vous, avec du savon et de l'eau, vous dire : « Bien, il faut maintenant que je l'épure ». Vous pourriez ne pas comprendre, car le linge vous semble parfaitement lavé, propre, alors pourquoi l'épurer ? C'est que dans cette expression, *épurer* (construit sur *pur,* du latin « purus », sans tache, sans souillure) n'a pas le sens courant de rendre pur : il signifie ***éliminer l'eau du linge par essorage***!

Faire un beau nez : le *nez* (du latin «nasus») peut être aquilin, bourbon, bourbonien, bourgeonnant, brillant, busqué, camard, camus, crochu, droit, enluminé, épaté, fleuri, grec, luisant, mince, pointu, romain; arrêtons-là l'énumération! Mais déjà la voix célèbre de Cyrano s'élève et dit :

Ah! Non! C'est un peu court, jeune homme!
On pouvait dire... oh! Dieu!... bien des choses en somme...
En variant le ton, — par exemple, tenez :
Agressif : «moi, monsieur, si j'avais un tel nez,
Il faudrait sur le champ que je me l'amputasse!»
Cyrano de Bergerac, Edmond Rostand (1897).

Soit! On aura compris que le nez, cet appendice en plein milieu de la figure est un objet de discours : ici, dans l'expression *faire un beau nez,* il est à la fois métonymie du visage et au service de l'antiphrase pour désigner ***une mimique de dépit, de déception***, liée à un échec ou à une contrariété. Admettez que dire à quelqu'un : «*pourquoi fais-tu beau nez?*», a plus d'allure que «pourquoi tu fais la gueule?»

Foutre bas : l'emploi du verbe *foutre* (du latin « futuere », avoir des rapports sexuels avec une femme) dans une conversation indique d'emblée un registre très familier, où *foutre* a le plus souvent le sens général de ***faire*** ou ***mettre*** sans aucune connotation sexuelle plus ou moins triviale. C'est le cas ici (ouf !) ; si vous dites la tronçonneuse à la main : « j'ai *foutu bas* toute la matinée dans le petit bois », vous indiquez que vous ***avez abattu des arbres*** pendant plusieurs heures, et rien d'autre…

Lancer des fions : à notre époque, où le divertissement est roi, chaque jour s'invente de nouveaux jeux de lancers : les lancers de pantoufles, de noyaux de pruneaux, d'œufs frais, et même de nains (heureusement interdit !) ; bref, nous sommes dans une époque qui lance beaucoup ! En revanche *lancer des fions* est une pratique fort ancienne toujours bien ancrée dans le quotidien de nos contemporains : en effet les *fions* (altération de *fignoler*, issu de *fin* du latin « finis », limite, accompli) désignent ici des remarques ***dont la finalité est de vexer ou de blesser*** la personne à qui ils sont adressés.

Mettre en briques : avant d'avoir son sens courant de pierre artificielle en forme de parallélépipède, moulée à partir d'une pâte d'argile pétrie, puis séchée et cuite au four, *la brique* (du néerlandais « bricke », du verbe « breken », casser) avait autrefois le sens de « palet », de « petit morceau ». Ainsi *mettre en briques* un mur ne consiste pas à le construire mais, au contraire, à le casser, à le ***mettre en petits morceaux*** !

Monter sur un âne : *l'âne* (du latin « asinus ») connaît depuis fort longtemps une mauvaise réputation et concentre toute une série de défauts : têtu, imprévisible, hésitant, agressif, bête, stupide, sournois, rancunier… Arrêtons-là ! Ce qui est sûr, c'est que cet animal de la famille des équidés convient mieux pour le transport de charges que pour recevoir des cavaliers sur son dos ; sa petite taille et son trot saccadé rendent sa monte chaotique. Dès lors, si, dans un débat un peu vif, vous entendez quelqu'un dire à propos d'une personne : « *elle a perdu son contrôle, elle est montée sur un âne dès la première remarque.* », vous comprendrez que ladite personne ***s'est agitée, énervée, emportée***. On observera que cette expression demeure malgré tout plus tranquille que sa variante du français standard «*monter sur ses grands chevaux*», car à l'origine ces grands chevaux désignaient les destriers, chevaux de combat.

Mouiller la meule **:** si l'image de la *meule* (du latin «mola»), cet objet cylindrique plat destiné à broyer, évoque des moulins où l'on fabriquait de la farine, le mot a pris aussi des significations populaires et argotiques pour désigner, *les fesses, les dents, la bouche*, et même dans les années 1970, les *motocyclettes!* Ici, c'est la ***métaphore de la bouche*** qui est employée; dès lors, on comprend que *mouiller la meule,* c'est lui ***apporter un liquide***! Mais, l'expression indique une action plus excessive. En effet, si vous dites en parlant des déboires sentimentaux d'un ami : «Depuis que sa femme est partie, il n'arrête pas de *mouiller la meule*», vous constatez qu'il ***se saoule de manière régulière***. Les esprits légers pourront filer la métaphore de la meule et de l'ivresse et dire qu'il est gris parce qu'il broie du noir (mais seulement les esprits légers...)!

Patte à poussière **:** chacun convient aisément qu'il ne faut pas mélanger les torchons et les serviettes. C'est vrai aussi pour cette *patte* (du germanique

« paita », vêtement) qui est un linge ou un chiffon. *Linge* pour essuyer le fromage (dans le Lyonnais et le Dauphiné) et ***chiffon*** dans l'expression *patte à poussière*. En revanche, si vous utilisez la *patte à relaver*, cela signifie que vous essuyez la vaisselle avec un ***torchon*** !

Réduire ses affaires **:** le sens courant de *réduire* (du latin « reducere », ramener, restaurer) indique le plus souvent une action de diminution, mais ici *réduire ses affaires* n'est pas lié à la conjoncture économique ni à la capacité, tel un magicien sorti d'un conte, de réduire la taille de ses vêtements par un coup de baguette magique. C'est plus simple et sans doute plus quotidien puisqu'il s'agit simplement de ***ranger ses affaires*** !

Tout pic **:** voilà une expression qui ne doit pas vous donner le vertige même si le *pic* (de l'espagnol « pico ») suggère des hauteurs ou des pentes vertigineuses. Si l'on évoque devant vous une personne qui est « le portrait de sa mère, tout pic », cela n'évoque pas le caractère rugueux d'une jeune fille en comparaison avec celui de sa mère, mais signifie qu'elle lui ressemble ***complètement, tout à fait***. Son portrait tout craché en somme !

À vous de choisir…

Français standard	Français régional
Colle Matière adhésive	*Colle* Fromage à pâte liquide
Drapeau Pièce d'étoffe portant les couleurs d'un pays	*Drapeau* Lange pour emmailloter un enfant
Taureau Mâle de l'espèce bovine	*Taureau* Gros nuage d'orage

Île-de-France

Aller en biclou : la vie d'un être est marquée par des étapes et des rites initiatiques ; par exemple, ce moment parfait d'équilibre où pour la première fois, on réussit à faire du vélo. Songez alors à l'émotion de la personne qui, au milieu du XIXe siècle, réussit pour la première fois à *faire du bicycle* (mot d'origine anglaise, de « bi » et du grec « kuklos », cycle), ancêtre du vélo, dont la roue avant, de très grand diamètre, était à la fois directrice et motrice, et la roue arrière, plus petite, seulement porteuse ! Il faut avouer que cette invention d'un serrurier parisien nommé Michaux était peu pratique, mais l'engin devint cependant populaire, notamment sous une forme contractée et affectueuse, le *biclou* (ou *biclo*), la variante de *bicycle* (on dit aussi « clou » pour vieux vélo). Et fort heureusement, très vite, on eut l'idée de faire plus simple avec deux roues de taille égale (la grande roue devenant plus petite, et la petite roue devenant plus grande !), et l'objet disgracieux du départ devint « une petite reine » et *aller en biclou*, un moyen de locomotion et de découverte.

Avoir facile de: *facile* (du latin «facilis»), c'est vite dit car la vie ressemble parfois à un parcours d'obstacles que certains franchissent avec plus ou moins d'aisance; ce qui semblera insurmontable aux uns, sera d'une facilité déconcertante pour d'autres. Ainsi, si vous observez le coup droit ravageur d'un joueur de tennis et que vous dites : «Quel beau joueur! *Il a vraiment facile* de marquer des points!», vous signalez à votre entourage, votre admiration pour ***l'aisance et l'efficacité de son jeu***.

Énerver: la compagnie d'autrui n'est pas toujours de tout repos, c'est pourquoi on ne peut que se réjouir que le verbe *énerver* (du latin «enervare», retirer les nerfs, épuiser) se soit éloigné de son sens étymologique, sinon, imaginez l'horreur de ce supplice qui a hélas existé! Si quelqu'un vous *énerve*, cela ne signifie pas qu'il est train de vous «dénerver» comme vous le feriez pour préparer un foie gras! Non, cela indique que son comportement vous ***agace***, vous ***irrite***. Évidemment, cela peut être gênant, mais sachez relativiser au regard du sens premier du verbe!

Être bleu marine **:** *le bleu* (du latin «blavus») a beau être *marine* ici, il ne renvoie pas à cette couleur évocatrice de ciel, de mer et des habits de marin. Si l'on peut être de sang bleu (noble), un fin cordon bleu (bon cuisinier), ou tout simplement un bleu (une jeune recrue), une personne *bleu marine* ***est ivre***. C'est bien connu, les excès peuvent en faire voir de toutes les couleurs, ce qui explique sans doute qu'en français standard, un individu ivre pourra être désigné comme étant gris ou noir.

Faire la saint-cochon **:** ne cherchez pas sur un calendrier la fête de ce saint, et ne pensez pas non plus que l'évêque qui scella le sort de Jeanne d'Arc a été canonisé (il s'appelait Cauchon !). *Faire la saint-cochon* est une mauvaise nouvelle pour le *cochon* (peut-être de l'onomatopée «koskos», grognement du porc) puisque cela indique qu'on va ***le tuer pour le manger*** ! On sait qu'autrefois c'était un moment important, souvent accompagné de réjouissances que l'on pouvait attendre avec beaucoup d'impatience…

Faire son compte **:** ni la passion des chiffres, ni une aptitude mathématique ou logique, ne sont nécessaires pour *faire son compte*, même si *compte* (du latin « computus », compte, calcul, quantité dénombrée), nous laisse supposer le contraire ! Sans passer par la preuve par neuf, voici un exemple : si à propos d'un cancre, un professeur s'exclame : « Je ne sais pas comment il *a fait son compte* pour réussir cet examen ! », il signifie qu'une telle réussite était ***parfaitement imprévisible*** compte tenu (c'est le cas de le dire) du niveau de l'élève. Voilà donc une expression qui, en fin de compte, laisse de l'espoir à tout le monde !

Frère du sot : si l'on observe quelques expressions contenant le mot *frère* (du latin « frater »), la fratrie prend de multiples visages. On connaît les expressions *frère de lait*, *frère de sang*, *frères jumeaux*, *frère utérin*, *frère cadet*, *frère de couleur*, *frère religieux*, *frère d'armes*, autant de périphrases pour désigner des réalités très différentes. Quant à l'euphémisme *frère du sot*, il ne joue pas son rôle habituel (comme diminuer la dureté d'un état ; on dira, par exemple, *malvoyant* pour *aveugle*), car il désigne ici ***une personne qui ne brille pas par son intelligence, mais surtout par sa bêtise, son idiotie, sa niaiserie,***

attributs d'ordinaire réservés au sot ! Évidemment, voilà une «fratrie» que personne ne revendique !

Marchand de couleurs : lorsque la grisaille menace d'envahir notre quotidien, il serait agréable d'imaginer un *marchand de couleurs* venant lui redonner de l'éclat même si cette expression renvoie à un métier aujourd'hui pratiquement disparu au profit des grandes surfaces de bricolage : en effet, il s'agissait d'un ***commerçant tenant une droguerie*** où l'on vendait différents produits chimiques d'entretien pour le ménage et pour réaliser des teintures et des peintures, autrement dit des *couleurs* (du latin «color», couleur, teint du visage).

Pigner comme un bébé : les mots, phénomènes mystérieux, permettent à l'humanité de communiquer et d'exprimer idées et sentiments, mais leur apprentissage et leur maîtrise s'acquièrent progressivement. Ici, on se doute bien que la comparaison avec *un bébé* ne doit pas être flatteuse car elle suppose une espèce de régression vers un stade initial où une situation laisse une personne sans discours articulé mais non sans voix : si elle *pigne comme un bébé*, cela signifie qu'elle ***pleurniche, se plaint en***

marmonnant des bribes de mots incompréhensibles car entrecoupés de pleurs. On notera que le verbe *pigner* est issu à la fois de l'ancien français «pioller», se plaindre et aussi du verbe «piauler» qui désigne les petits cris des poussins.

Ramasse-poussière: il ne s'agit pas de ce bibelot qui atterrit sur un meuble et dont la beauté reste souvent à démontrer, mais qui trouve son utilité dans sa faculté à ramasser la poussière tout en étant souvent difficile à épousseter. Non, le *ramasse-poussière* dont il est question ici est une ***petite pelle à manche court*** très commode pour *ramasser* (dérivé du latin «massa», pâte) les miettes, les cendres et les *poussières* (de l'ancien français «pous»).

Se casser la goule: la *goule* n'est pas ici ce démon femelle qui, dans les superstitions, dévore les cadavres dans les cimetières. Cette *goule* (du latin «guila», en ancien français «goule», gorge, bouche), trouve sa traduction familière avec ***gueule***; dès lors *se casser la goule* devient une expression imagée pour désigner ***une chute (réelle ou figurée)*** qui peut, dans certains cas malheureux, se finir par des plaies et des bosses.

Se faire disputer : chacun a son avis et le partage, ce qui alimente chez les uns et les autres ce goût irrépressible pour la discussion, celle qui conduit à *disputer* de tout (du latin « disputare », examiner point par point, discuter, débattre). En revanche, il est plus rare que l'on cherche à *se faire disputer*, car il s'agit alors de ***recevoir des remontrances, des réprimandes***, ce qui est déjà moins apprécié.

Se retrouver à la reute : cette *reute* est probablement une variante de *route* (du latin « rupta », (via) voie rompue, voie ouverte) ; on trouve d'ailleurs au Moyen Âge une autre variante « rute ». *Se retrouver à la reute* a ici le même sens que l'expression du français standard « être à la rue », c'est-à-dire ***être sans toit, sans ressources, complètement démuni***. On notera sans s'en émouvoir la cruauté parfois cachée de l'étymologie : dans *route* (donc aussi dans *reute*) nous avons vu le sens de rupture ; et dans *rue* (du latin « ruga », ride), l'idée de l'altération provoquée par l'âge et le souci ! Voilà des sens qui ne mènent pas sur la bonne voie !

Se réveiller en peur : nous devons dormir en moyenne un tiers de notre vie et ce temps de repos est censé être réparateur; mais l'on sait aussi que notre inconscient, toujours actif, ne se repose jamais et profite même de ce temps pour nous jouer des tours. Tel un génie versatile, parfois amical, il nous procure des rêves agréables, parfois agressif, il déclenche des images et des situations insoutenables, des cauchemars auxquels nous échappons par un ***réveil brusque***! Ouf! C'est donc cela *se réveiller en peur*! Si la *peur* (du latin «pavor», du verbe «pavere», craindre) n'évite pas le danger, elle peut donc faire cesser des choses désagréables, mais pas éviter d'attraper des sueurs!

À vous de choisir...

Français standard	Français régional
Briquet Petit appareil pour faire du feu	***Briquet*** Casse-croûte
Brune De couleur sombre	***Brune*** Soir
Nécessité Indigence	***Nécessité*** Caractère indispensable d'une chose, d'une action

Languedoc - Roussillon

—

Au bon du jour: il ne faut pas confondre cette expression avec celle du français standard «au point du jour» qui désigne le lever du soleil. Ici, c'est *bon* (du latin «bonus») qui permet de situer le moment du jour, à savoir le milieu de la journée. Autrefois, en français standard existait une expression «il fait bon chaud» restée aujourd'hui sous sa forme réduite, «il fait bon». Elle désignait ce moment particulier de milieu de journée où le soleil est censé procurer le plus de chaleur : c'est le sens de l'expression *au bon du jour*, ***là où il fait le meilleur***.

Avoir la cagagne: la *cagagne* (de l'occitan «caganho», diarrhée) est un terme familier dont la musicalité est éloignée de la triste réalité physiologique qu'il suggère (on ne peut pas dire «dure réalité»!), c'est-à-dire ***avoir la colique***! Cette expression développe aussi le sens figuré ***d'avoir très peur*** car il est bien connu qu'un choc émotionnel peut parfois provoquer des réactions inattendues du corps…

C'est sa tête coupée: pas d'inquiétude, cette expression ne renvoie pas à Salomé réclamant la tête de Jean-Baptiste sur un plateau, ni aux heures tragiques de la Révolution française et à sa terrible guillotine. Depuis fort longtemps, par une métonymie admise (la partie pour le tout ; ici les puristes parleront même de synecdoque), l'identité d'un individu s'impose par référence à sa *tête* (du latin «testa») : ainsi, sur nos papiers d'identité, c'est notre tête, et seulement elle, qui permet notre reconnaissance. C'est pourquoi lorsqu'à la maternité, au jeu des ressemblances, un membre de la famille s'exclame devant le nouveau-né : «*C'est la tête coupée de son père*!», il insiste ***sur la grande ressemblance entre le bébé et son géniteur***. Le français standard proposera une autre expression tout aussi surprenante : «*C'est le portrait tout craché de son père*». À vous de choisir!

Donner la main: la *main* humaine (du latin «manus»), grâce à ses cinq appendices (les doigts) dont l'un (le pouce) est opposable aux quatre autres, constitue l'instrument principal du toucher et de la préhension et, par là même, permet la connaissance et l'action. Organe éminemment symbolique, il alimente un grand nombre d'expressions. Ici, *donner la main* est un tour métaphorique pour dire que ***l'on apporte son aide*** (donc ses mains!) à quelqu'un; on notera qu'il existe une expression identique en occitan, *donar la man*; en français standard on trouve également «donner un coup de main.». Donc *donner la main* implique de ne pas *avoir un poil dans la main*!

Marcher sur la queue du loup: il y a sans doute différentes façons et endroits pour *marcher* (de l'ancien francique «markôn», marquer, imprimer un pas), mais d'emblée on comprend que cette expression indique une situation tendue. La métaphore suppose que le caractère agressif du loup s'est transmis à la personne qui a marché sur sa queue; en d'autres termes que celle-ci est de ***forte méchante humeur au réveil*** (on connaît les expressions équivalentes du français standard : *se lever du pied gauche, être de mauvais poil*!). Aussi si, dans votre entourage, une personne vous paraît désagréable au lever, vous pourrez penser qu'elle a *marché sur la queue du loup* et dans ce cas-là, le plus prudent est de *marcher à pas de loup*.

Marquer mal : *marquer* (de l'ancien français « merchier », influencé par l'italien « marcare ») est ici pris dans son sens figuré de *faire une impression* par son allure, sa mine, ses propos : *marquer mal*, c'est donc ***faire mauvaise impression***. Mais l'expression existe aussi avec sa variante positive, donc rien n'empêche de *marquer bien*.

Mettre une rouste : d'abord, il faut savoir qu'il existe une autre expression qui utilise le même mot, « prendre une rouste ». Ensuite, que *rouste* (dérivé du verbe latin « rustiare », rosser, battre) désigne selon une belle gradation aussi bien une gifle, un coup de poing, une sévère correction. *Mettre une rouste* à quelqu'un c'est donc le ***frapper*** (avec plus ou moins d'intensité !) : cela étant dit, on comprendra que l'on cherche aussi à éviter de *prendre une rouste*, qui veut dire ***subir une défaite***.

Tomber des rabanelles : les expressions pour décrire l'état du ciel sont nombreuses et particulièrement pour parler du mauvais temps. La pluie prend toutes sortes d'aspect comme le prouve cet exemple : les *rabanelles* (de l'occitan « rabanelle, ravanello », issu du latin « raphanus », raifort, radis noir, ravanelle) sont une variété de petits radis noirs ; aussi s'il *tombe des rabanelles*, il ne s'agit pas d'une chute de ces crucifères mais d'un tour métaphorique pour dire qu'il ***pleut des trombes d'eau*** ! On notera que les rabanelles sont aussi des châtaignes grillées !

À vous de choisir...

Français standard	Français régional
Gardon Petit poisson d'eau douce	*Gardon* Torrent
Pataras Étai arrière pour tenir un mât	*Pataras* Personne molle

Limousin

Être bourru : *bourru* est un adjectif dérivé du nom *bourre* (dérivé de « burra », étoffe grossière) qui désigne un amas de poils provenant d'animaux à poils ras. Pas de méprise, ici, c'est bien ce sens étymologique qui est convoqué : une personne dont le caractère est brusque, renfermé, peut être qualifiée de bourrue, par association à l'aspect grossier et peu engageant de la bourre, mais une personne agréable peut aussi être qualifiée de bourrue. Par exemple, si vous dites : « ce bébé a la naissance était tout bourru », vous ne signalez pas sa mauvaise humeur mais le fait qu'il était couvert de poils ! On notera que beaucoup de choses peuvent être bourrues en français standard, mais au sens figuré, comme le lait bourru, le vin bourru, le moine bourru, un drap bourru, un vent bourru.

Faire brave temps : l'adjectif *brave* (de l'italien « bravo », courageux) caractérise diverses qualités : courageux, honnête, droit, gentil, mais aussi plus rarement, beau. Les amateurs des ***Lettres de mon moulin***, d'Alphonse Daudet (1840-1897), se rappelleront de l'histoire de la mule du pape où le garnement Tristet Védène, pour entrer au service du pape, fait semblant d'admirer sa mule : *«Ah ! mon Dieu ! grand Saint-Père, quelle **brave** mule vous avez là !* (...) *Laissez un peu que je la regarde* (...) *Ah ! mon Pape, la belle mule !»*. Ainsi lorsqu'il *fait brave temps*, tout le monde peut se réjouir car cela signifie qu'il ***fait un beau temps ensoleillé***.

Faire chabrol ou chabrot : la plupart du temps, le vin rouge se consomme dans un verre (évidemment avec modération). Mais il existe une pratique culinaire, *faire chabrol,* qui consiste à le verser dans la soupe, puis à ***boire le mélange obtenu directement à même l'assiette*** en ignorant les siècles de civilisation qui nous ont apporté la cuillère. Cela dit, pourquoi «chabrol» ? Une fois de plus, l'étymologie vient à notre secours : *chabrol* (du latin «capreolus», chevreuil) a donné en occitan les formes *chabrò, cha'auntabròl, chabrot* ; *chabroù (chabrol)* ; on retrouve *chabro* dans l'expression occitane *béue à chabro* qui signifie littéralement «boire comme une chèvre», c'est-à-dire «boire dans son assiette». De là à dire qu'une personne qui *fait chabrol* «mange comme un cochon », il y a une cuillère que nous ne prendrons pas!

Fou comme un lapin: aucune étude sérieuse n'a établi que le *lapin* (issu de *lapereau* de l'ibéro-roman « lappa », pierre plate) soit un mammifère particulièrement touché par la folie. Il est probable que sa prolixité hors du commun lui vaut cette comparaison : être ***fou comme un lapin,*** c'est ***avoir perdu le sens de la mesure*** et se comporter d'une manière peu conventionnelle.

Jambes de mouton: attention, si une personne passant devant une pâtisserie vous invite à y entrer pour acheter des *jambes de mouton*, ne pensez pas qu'elle a un souci car vous savez qu'une *jambe* (du latin « gamba », paturon du cheval) de mouton, autrement dit un gigot, s'achète chez le boucher. D'abord un indice, cette personne vous a parlé de *jambes de mouton* et non *d'une jambe de mouton*, ensuite sachez qu'il s'agit de ***petits beignets souvent réalisés lors de fêtes comme le Mardi gras***; le pâtissier est donc tout indiqué pour satisfaire ce besoin de gourmandise.

Pain tordu*:** le *pain* (du latin «panis», pain, motte, boule) occupe une place privilégiée autant dans l'alimentation que dans la symbolique. Les multiples façons de préparer ce mélange de farine mêlée d'eau et cuit au four témoignent de cette importance : petit pain, pain fendu, natté, bâtard, viennois, pain d'avoine, de boulanger, de campagne, de gruau, de ménage, de mie; pain complet, pain polka, pain de campagne, pain d'épice, pain de Gênes, pain à la grecque, pain perdu, pain doré, pain azyme et *pain tordu*. Cette dernière expression n'indique pas que la forme du pain est tordue ou extravagante, mais tout simplement qu'il a été, lors de sa préparation, ***torsadé comme un linge que l'on aurait essoré.

À vous de choisir...

Français standard	Français régional
Os Élément du squelette	*Os* Noyau d'un fruit
Raie Ligne tracée ou poisson	*Raie* Sillon fait par une charrue

Lorraine

Avoir la tournisse: autant être prévenu, on peut être… et *avoir la tournisse* même si celle-ci correspond d'abord à la féminisation du mot *tournis* (dérivé du verbe *tourner*,du latin «tornare», fabriquer au tour) qui désigne d'abord une maladie parasitaire des ruminants provoquant une marche en rond, et au sens figuré, et chez les humains, ***la sensation de vertige avec la tête qui tourne***. Attention à ne pas se méprendre si vous entendez un maçon grimpé sur un toit en construction dire à un collègue «j'ai la tournisse», car il peut aussi s'agir d'une pièce de charpente utilisée pour le remplissage entre les poteaux d'une cloison!

Être à son article: *l'article* (du latin «articulus») dont il est question ici ne se trouve pas dans les colonnes d'un journal, d'un dictionnaire et encore moins d'un code. *Être à son article* est à rapprocher de l'expression du français standard *faire l'article* qui signifie ***vanter un produit*** ou ***faire l'éloge de quelque chose ou de quelqu'un,*** et implique donc une certaine aisance dans le discours. *Être à son article* exprime également cette connotation d'aisance : si l'on dit de vous que *vous êtes à votre article* pour comprendre les choses compliquées, recevez cela comme un compliment car on constate que ***vous êtes à votre affaire*** avec la complexité, en d'autres termes que vous êtes un être brillant et intelligent (si, si, admettez-le et ne rougissez pas!).

Être dabo : voilà une bien étrange expression, car si le terme *dabo* refuse obstinément de révéler sa vraie nature, l'expression a une signification sans équivoque. D'abord «dabo» : aucune trace certaine sur son sens, il existe bien un verbe latin «dare», *donner* qui fait «dabo» à la première personne du futur, et un terme de jeu italien du XVIe siècle «dabo» *la donne,* mais rien qui permette d'expliquer pourquoi *être dabo* signifie ***être trompé dans une affaire.***

Être tout fiâche : *fiâche* est un mot dont l'histoire s'associe parfaitement à sa signification, mou, qui manque de fermeté, car il est probablement le résultat d'une série d'altérations de l'adjectif *flasque* (du latin «flaccidus») transformé par le dialecte en *flache* puis en *fiâche. Être tout fiâche,* c'est donc ***être en petite forme, fatigué, sans ressort***, *donc flasque...*

Faire ses olivettes : voilà une jolie expression qui peut surprendre dans une région où *l'olivette* (du latin « olivetum », lieu planté d'oliviers) fait d'abord penser à une petite olive, mais il est probable que les *olivettes* dont il est question ici soient une variété de raisins de table à grains allongés, en forme d'olive. Mais *faire ses olivettes* a pris un tour figuré et ne renvoie pas à une activité vinicole particulière mais signifie simplement ***s'occuper de ses affaires***; en français standard, la variante est *s'occuper de ses oignons*, à vous de choisir!

Fait-à-fait : attention à cette expression, car à l'oral elle peut prêter à confusion, voire à quiproquo. Si, de passage en Lorraine, vous entendez une conversation entre un maçon et son ouvrier que vous traduisez par : « fini l'enduit de ce mur, fais ta fête », en d'autres termes « quand tu auras terminé la pose de l'enduit sur ce mur, tu pourras aller faire la fête que tu as prévue », vous pourriez penser que voilà un patron fort sympathique, et vous auriez tort, non pas sur le bon caractère du maçon mais sur le sens de sa phrase dont voici la bonne transcription : « finis l'enduit de ce mur fait-à-fait », c'est-à-dire « étale l'enduit sur le mur progressivement ». En effet, *fait-à-fait*

(fait, du latin «factum», fait, action) est une locution adverbiale qui signifie littéralement ***«action après action»***, autrement dit ***au fur et à mesure***. Voilà qui est dit, voilà qui est fait!

Garder la bique*:** vous n'y êtes pas! Certes vous aimez les animaux, mais si le maire de votre commune vous demande si dimanche vous pouvez *garder la bique* (altération de *biche* par croisement avec *bouc*, du gaulois «bucco»), il ne vous demande pas de garder une chèvre! Il fait appel à votre sens civique et vous sollicite pour devenir assesseur et ***surveiller un bureau de vote!

Passer la bâche*:** vous aimez rendre service et êtes toujours prêt à le montrer, mais attention si l'on vous demande de *passer la bâche* (du latin «bascauda», cuvette), ne vous méprenez pas! Il ne s'agit pas de passer une toile imperméable pour protéger des intempéries un objet quelconque, non, on attend de vous que vous vous retroussiez les manches et que vous ***passiez la serpillière sur le sol! Êtes-vous toujours prêt à *passer la bâche* ou passez-vous la main?

Raccuse-potot : voilà une expression qui n'est pas à l'honneur de l'humanité… Sa première partie *raccuse* correspond à une forme du verbe *raccuser* (construit avec le préfixe *re-* et le verbe *accuser* du latin « accuser ») : celui-ci n'a pas le sens d'accuser à nouveau mais de ***cafarder***, de ***rapporter***, bref de ***trahir*** ! Quant à *potot*, il s'agit d'une forme argotique du terme ***poteau*** (d'abord employé chez les forçats et les voleurs) avec la signification d'***appui***, d'***ami*** sur qui on peut compter… On le constate le *raccuse-potot* traduit donc une forte contradiction (un bel oxymore dirait les poètes !) et désigne une personne qui ***pratique la délation et dénonce sournoisement***. On trouve aussi dans la région, le terme *raccusette*, variante plus directe !

Se sentir tout darne : levons toute ambiguïté, la *darne* de cette expression n'est pas une tranche de gros poisson prête à cuire. Il s'agit de l'adjectif *darne* (de l'ancien francique « darn », ébahi, ébloui, ahuri) que l'on trouve à plusieurs reprises dans les poèmes de Rimbaud (1854-1891) avec le sens d'étourdi, voire d'abruti. *Se sentir tout darne* exprime généralement ***un état de malaise*** provoqué par la chaleur, le soleil ou une baisse de tension.

Tête de holz : le mot *tête* alimente en français standard plusieurs expressions qui traduisent le mauvais caractère, l'obstination, ***l'entêtement d'une personne*** (*tête de lard, tête de cochon, tête de mule*) ; *tête de holz* appartient à cette liste mais fait le détour par la langue allemande avec le mot *holz* (bois) pour exprimer métaphoriquement l'absence de souplesse « d'une tête de bois ».

Tout ça va comme des oignons : l'*oignon* (du latin « unio », grosse perle) est une plante potagère qui fait pleurer le cuisinier éplucheur. Il est souvent repris dans les expressions populaires du français standard ; ainsi on sait qu'il faut se *mêler de ses oignons*, c'est-à-dire s'occuper de ses affaires, et qu'un travail *fait aux petits oignons* est un travail préparé et exécuté avec soin ; quant à l'expression *tout ça va comme des oignons*, elle évoque la technique de culture des oignons plantés en rangs réguliers et parfaitement alignés : la comparaison introduit cette idée de rectitude et de maîtrise pour signifier que ***tout se déroule parfaitement***.

À vous de choisir…

Français standard	Français régional
Bamboche Bombance, fête	*Bamboche* Chausson
Beignet Pâtisserie	*Beignet* Amende
Courette Petite cour intérieure	*Courette* Jeune séductrice
Croisette Petite croix	*Croisette* Livre de catéchisme
Culot Partie inférieure d'une chose ; aplomb	*Culot* Petit dernier dans une famille
Gelée Abaissement de température en dessous de zéro	*Gelée* Fromage de tête

Midi-Pyrénées

À un pas de chat: le chat est un animal de compagnie apprécié, en témoigne ces multiples expressions : *Il n'y a pas de quoi fouetter un chat*; *à bon chat, bon rat*; *chat échaudé craint l'eau froide*; *quand le chat n'est pas là les souris dansent*; *la nuit tous les chats sont gris*; *n'éveillez pas un chat qui dort*; *appeler un chat un chat*. En français standard, *avancer à pas de chat*, c'est se déplacer en silence et en souplesse. Quant à l'expression qui nous intéresse ici, *à un pas de chat*, si vous donnez votre langue au chat, nous vous dirons qu'elle transforme ce petit mammifère familier en mesure de distance ! En effet, si quelqu'un vous dit : «je travaille *à un pas de chat* de mon domicile», cela signifie qu'il ***habite à proximité*** de son lieu de travail. Cette expression repose sur le fait que l'on considère que le *pas* (du latin «passus», pas, mesure de longueur) du chat est petit mais aussi que c'est un animal qui reste attaché à un lieu.

Avoir la cagne: d'abord rassurez-vous ce n'est pas une maladie (enfin *a priori*, mais jugez plutôt).

La *cagne* (de l'ancien provençal « canha », chienne) a servi tout d'abord à désigner un chien de mauvaise race, puis par extension une personne paresseuse. *Avoir la cagne*, c'est donc avoir ***une tendance à la paresse, à l'envie de... ne rien faire.*** Nous pouvons nous arrêter là, qu'en pensez-vous?

Donner une bonne main: la *main* (du latin « manus ») est bien sûr cet organe du toucher et de la préhension muni de cinq doigts et situé à l'extrémité du bras, mais c'est aussi un terme métaphorique largement utilisé dans les expressions. Nous savons tous que nous pouvons avoir la *main légère, lourde, verte*, de maître, *heureuse, de fer*, etc. Ainsi en français standard, *avoir une bonne main,* c'est avoir des dispositions particulières dans une activité ; en revanche *donner une bonne main* a une signification toute différente : si vous donnez *une bonne main* au garçon de café, au serveur dans un restaurant, au chauffeur de taxi, cela ne signifie pas que vous leur serrez la main avec entrain et chaleur, mais que vous les ***gratifiez d'un pourboire***!

Être fumasse: on dit souvent qu'il n'y pas de fumée sans feu, mais en êtes-vous sûr? Ce serait sans compter sur le sens figuré de *fumer* (du latin «fumare») qui peut traduire une forte exaspération et être synonyme de *pester, fulminer* : *fumasse*, dérivé de ce verbe, indique donc dans l'expression *être fumasse*, ***une violente colère ou un profond dépit***. Il semblerait que l'époque contemporaine favorise cet état psychologique car l'expression fait aujourd'hui recette au-delà de la région.

Faire la moune*:** mettez-vous devant un miroir, non pas pour lui demander si vous êtes la plus belle ou le plus beau, mais pour le petit exercice qui suit. Rapprochez puis allongez vos lèvres en cherchant à exprimer le dédain, le scepticisme, l'ennui. Voilà, vous êtes en train de *faire la moune*. Vous l'avez compris *moune* est une altération du mot *moue* (du francique «mauwa»), cette grimace ***que l'on peut faire lorsque l'on est mécontent ou sceptique. Si cette expression (c'est le cas de le dire!) n'est pas très agréable à regarder, on peut toujours se consoler en se disant qu'il vaut mieux *faire la moune* que la guerre!

Feignant de bonsoir*:** dans la ronde sans fin des jurons en voici un qui permet de libérer une tension tout en restant inoffensif et audible par toutes les oreilles! On sait que qualifier quelqu'un de feignant, forme populaire de *fainéant*, n'est jamais perçu comme un compliment car c'est faire le constat d'une inaction, d'une paresse; en revanche l'explication réclame un peu d'énergie : en effet, ***feignant est une altération d'après la forme verbale *fait (faire)* et *néant*, du participe présent du verbe *feindre* au sens de «se dérober, rester inactif». Ici, *Feignant de bonsoir* n'a pas d'autre sens que ***d'exprimer un désagrément par une formule***.

Frais comme un ail: *l'ail* (du latin «allium») est un condiment réputé pour son odeur forte et son goût piquant (on lui prête également un certain nombre de propriétés médicales); c'est sans doute cette présence tonique (et omniprésente dans la cuisine méridionale), qui ne passe jamais inaperçue dans un plat, qui est à l'origine de l'expression *frais comme un ail* désignant une personne dont ***la bonne santé est visible***. On notera que l'on retrouve cette notion d'éclat dans l'argot militaire, ainsi *un mors astiqué à l'ail* est un mors brillant, reluisant.

Sortir la bedoucette **:** Eugène-René Poubelle (1831-1907), Henri Ebelot (1831-1902) et Albert Bedouce (1869-1947) ont un point commun : le premier, préfet de police de Paris, imposa en 1929 l'usage d'un récipient pour lutter contre l'insalubrité, destiné à recueillir les ordures et qui porte aujourd'hui son nom, la poubelle ; le deuxième, maire de Toulouse, fit la même chose dans sa ville et le récipient (une caisse en bois avec des anses) prit le nom d'« ébelotière », le troisième, qui fut aussi mais plus tard maire de Toulouse, modernisa l'objet en une boîte à ordures en métal galvanisé qui fut surnommée ***la bedoucette***. *Sortir la bedoucette,* c'est donc ***sortir la poubelle*** !

Tourner les yeux **:** si l'on apprécie la peinture espagnole du XIXe siècle, on sait que la ***Maja*** de Goya (1746-1828) a *les yeux qui tournent.* Si dans la salle d'attente d'un ophtalmologiste, vous entendez un parent dire de son enfant : *« oui, nous venons consulter, car il a les yeux qui tournent »*, vous devez comprendre que comme le célèbre personnage de Goya, cet enfant est atteint ***d'un strabisme*** ; reste à savoir si celui-ci est convergent ou divergent comme celui de la ***Maja***.

À vous de choisir...

Français standard	Français régional
Adieu Au revoir	*Adieu* Bonjour
Baume Médicament sous forme de crème apaisante	*Baume* Grotte
Chapon Jeune coq châtré engraissé	*Chapon* Croûte de pain frottée d'ail
Cagnotte Boîte contenant des économies	*Cagnotte* Cuve pour la vendange
Plumet Bouquet de plumes	*Plumet* Forte chaleur
Selle Siège pour cavalier	*Selle* Tertre

Nord-Pas-de-Calais

Aller au deuil de quelqu'un: le *deuil* (du latin «dolus», dérivé du verbe «dolore», souffrir) est la disparition d'un être et la peine éprouvée par sa perte; ainsi *aller au deuil de quelqu'un* pourrait indiquer en français standard que l'on se rend à la cérémonie funèbre pour accompagner et soutenir un proche du défunt; mais ici l'expression ***désigne le mort lui-même*** et signifie donc se ***rendre à ses obsèques***. Sombre nuance…

Baise à bouquette: qu'allez-vous imaginer? Voilà une expression tout à fait convenable et gentille. On connaît les multiples connotations associées à *baise* (dérivé du latin «basiare», donner un baiser). Ici, fidèle à son étymologie, c'est juste un petit baiser affectueux; quant à *bouquette*, non ce n'est pas la femelle du bouc, il s'agit d'un diminutif déformé de *bouche* (du latin «bucca», joue puis bouche). Ces mises au point effectuées, si vous donnez *une baise à bouquette* à votre amoureuse ou à votre amoureux, cela signifie que vous lui donnez ***un petit baiser sur la bouche***. N'est-ce pas adorable?

Bouder sur son ventre*:** au pied de la lettre, l'expression peut sembler bizarre; est-ce une position particulière du corps dans laquelle on doit se mettre pour vivre un état psychologique? Il paraît plus raisonnable de s'orienter vers un tour métaphorique. Le plus souvent *bouder* (d'origine onomatopéique, d'un radical «bod» désigne quelque chose d'enflé; on pense à la lèvre boudeuse!) est une manifestation de mécontentement contre quelqu'un ou quelque chose : ici, *bouder sur son ventre* revient à ***refuser un plat dont on aurait pourtant très envie; on imagine aisément la frustration... On notera que l'expression peut s'appliquer d'une manière plus générale lorsque l'on refuse quelque chose par dépit.

Être assis sur ses oreilles*:** organe de l'audition, *l'oreille* (du latin «auricula») apparaît dans un grand nombre d'expressions du français standard pour indiquer, de manière métaphorique, le degré de qualité d'une communication ou d'une compréhension. *Être assis sur ses oreilles* n'est évidemment pas une nouvelle posture de yogi, mais une métaphore explicite, suggérant que le son ne passe plus, et qui exprime ***un refus net d'écouter ce que dit une personne. On notera qu'il existe en français standard, une expression qui aboutit au même résultat mais de manière moins affirmée et plus discrète : laisser *entrer par une oreille et sortir par l'autre !*

Faire chapelle : la *chapelle* (du latin « capella », diminutif de « capa », manteau à capuchon) est historiquement un lieu consacré à la cour des rois des Francs au VIIe siècle, où l'on gardait la cape de saint Martin devenue une relique ; par la suite, d'autres petites églises secondaires devinrent des lieux où l'on conservait des reliques de saints. Ici, il ne s'agit pas précisément d'un lieu saint, car à la période du carnaval, de nombreuses maisons particulières se transforment en *chapelles* sans pour autant contenir de quelconques reliques. *Faire chapelle* consiste ***à ouvrir sa maison aux participants du carnaval qui défilent dans la rue et… à leur offrir à boire et à manger*** ! On notera qu'en français standard, l'expression est moins joyeuse et désigne simplement une association de personnes qui se retrouvent selon des affinités de pensée ou d'intérêt. On trouve également une autre expression *être en chapelle* qui avait autrefois en Espagne un sens terrible, puisque c'était le moment où le condamné à mort assistait à une dernière messe avant d'être exécuté !

Faire la bistouille: vous êtes au restaurant en fin de repas ou dans un bistrot un jour de grand froid et vous commandez un café; sur votre lancée, vous décidez de *faire la bistouille.* Soyez rassuré, cela reste très convenable si *la bistouille* est pratiquée avec modération. Cela mérite une explication. *La bistouille* (construit avec *bis-* et *touiller,* du latin «tudicalare», broyer, remuer) consiste à ***mettre une rasade d'eau-de-vie dans son café.*** On notera que la *bistouille* (ou la bistrouille) désignait aussi une mauvaise eau-de-vie; mais on comprendra que pour faire une bonne bistouille il ne faut négliger la qualité des ingrédients!

Faire une ajoute: *l'ajoute* (dérivé du verbe *ajouter* issu du latin «juxtare», jouter, être attenant à, toucher à) rappelle que la frontière avec la Belgique n'est pas loin, car ce terme est un belgicisme régulièrement déconseillé par les grammairiens mais qui continue à être employé, sans doute par amour du féminin, car ce terme a exactement le même sens que le masculin ***ajout***! *Faire une ajoute,* c'est tout simplement ***faire un ajout, apporter une information de plus*** à un texte, une modification à un tableau de peinture.

Homme à feuilles: le terme *homme* (du latin «homo») entre dans la composition de nombreux composés masculins (voici quelques exemples : *homme d'affaires, d'armes, de confiance, de corvée, de cheval, d'épée, de guerre, de l'art, de cour d'État, d'église, du jour, d'équipage, de Dieu, d'équipe, de main, de paille, de parole, de ronde, de peine, de sciences, de théâtre)* et témoigne ainsi de l'omniprésence de celui qui est considéré (par l'homme!) comme l'espèce animale la plus évoluée de la Terre. Cependant, dans cette série, *un homme à feuilles* ne plaide pas en sa faveur car il ne s'agit ni d'une périphrase pour désigner un écrivain ou un journaliste, ni d'un amoureux des plantes et des arbres : cette expression désigne ***une personne au comportement de satyre, de voyeur, d'exhibitionniste***; l'élément *à feuilles* fait probablement allusion au fait qu'un tel personnage se cache plus ou moins, notamment derrière des buissons ou des arbres. Par extension, l'expression a pris fort heureusement une signification plus abstraite pour évoquer ***une sorte de croque-mitaine imaginaire***, comme celui des contes de fées, destiné à faire peur aux enfants.

Marcher dans une bache*:** ne nous y trompons pas, l'absence d'accent circonflexe sur le mot *bache* ne l'écarte de son jumeau *la bâche* et de leur étymologie latine commune « bascauda », cuvette où on lave la vaisselle. *La bache* qui nous intéresse désignait aussi autrefois ***l'auge pour les animaux, et par extension la zone qui se trouvait autour, souvent détrempée et pleine de gadoue. *Marcher dans une bache*, c'est donc ***mettre les pieds dans un bourbier*** et au mieux dans ***une flaque d'eau***!

À vous de choisir…

Français standard	Français régional
Braire Crier, en parlant de l'âne	*Braire* Pleurer
Coquille Enveloppe calcaire des mollusques	*Coquille* Brioche saupoudrée de grains de sucre
Friture Cuisson dans un bain de matière grasse bouillante	*Friture* Baraque à frites

Français standard	Français régional
Huche Grand coffre en bois	*Huche* Porte
Précoce Mûr en avance	*Précoce* Prudent
Savoir Connaître	*Savoir* Pouvoir

Pays-de-la-Loire

Avoir sa gironnée: le *giron* (du francique «gêro», pan de tissu coupé en pointe) correspond à la partie du corps allant de la ceinture au genou; cependant, il est plus souvent employé métaphoriquement pour désigner la protection offerte par une personne ou un milieu. Par exemple, un enfant qui se blottit dans le giron maternel recherche la sécurité dans les bras de sa mère. *Avoir sa gironnée* est une expression pour désigner l'étape antérieure, lorsque l'enfant est encore dans le ventre maternel : une femme qui *a sa gironnée* ***est donc enceinte.***

Comme du monde: le monde est un vaste sujet qui peut donner le vertige si l'on observe sa seule étymologie. En effet, la forme *monde* est empruntée au latin «mundus» qui signifie «l'univers», «le globe terrestre et les hommes», et en latin ecclésiastique, le «siècle» dans lequel vivent les gens qui ne sont pas des religieux. Le vertige s'accentuerait encore si l'on tentait de recenser toutes les expressions où ce terme apparaît. Rassurez-vous, nous nous abstiendrons pour nous concentrer *comme du monde* sur l'expression qui nous intéresse ici, c'est-à-dire ***d'une façon convenable, correctement***. Cette formule devait inévitablement voyager et elle a d'ailleurs franchi l'Atlantique pour se retrouver chez nos cousins canadiens : lorsqu'un habitant de Montréal dit à son enfant qui fait le pitre à table : *Tiens-toi donc comme du monde*! Il lui demande de se tenir correctement.

En bisquencoin: dans notre société où l'on recherche en permanence à tout prévoir, à tout optimiser, à aller au plus droit, au plus direct, *bisquencoin* apparaît comme un mot qui fait de la résistance. Ainsi, employé dans cette locution adverbiale « en bisquencoin », il suppose un certain nombre d'actions et de choses comme bâtir, marcher, regarder, sauter, traverser... mais accomplies d'une toute autre manière, car une construction ou un axe *en bisquencoin*, ou *biscancoin* (du latin « bis » et « cuneux », coin) signifie ***en travers, en biais***. En voyage touristique à Pise, on pourra donc s'exclamer devant la fameuse tour penchée : « Oh, quelle belle construction *en bisquencoin*! »

Ficher à l'ours : outre *mettre en fiche*, ou faire pénétrer quelque chose par la pointe, personne n'ignore que *ficher* est une variante euphémique de *foutre*, évidemment moins élégante mais qui est à l'œuvre dans cette expression ; cela dit que peut donc signifier *foutre à l'ours* ? Levons rapidement toute méprise en identifiant *l'ours* en question, d'autant que la région n'est pas connue pour abriter ce plantigrade carnivore de moyenne et grande taille appartenant à la famille des Ursidés (*ours*, du latin « ursus »). Ici, *ours* dérive d'une signification argotique qui signifie ***prison, cachot, salle de police*** ; bref un endroit, où l'on peut rencontrer des personnes peu fréquentables. Par extension, le mot a pris le sens populaire d'endroit où l'on met des choses au rebut. Ainsi *ficher à l'ours*, ***c'est mettre au rebut*** ce dont on ne veut plus, que l'on considère bon (si l'on peut dire !) à jeter.

Pire que pirette : même si *pirette* est un diminutif (de *pire*) qui sonne joliment à l'oreille, ne nous y trompons pas. Cette expression est un concentré de négatif qui ne présage rien de bon lorsqu'elle est employée : en effet, *pire* (du latin « pejor », comparatif de supériorité de « malus », mauvais) est ici doublé sous la forme *pirette* et équivaut à l'expression radicale ***pire que tout***. Le seul point positif, c'est que *pire que pirette* établit un constat dans une situation où ***le plus mauvais est arrivé***, mais l'on sait alors à quoi s'en tenir. En revanche, en français standard, l'expression *c'est de pire en pire* suggère une situation évolutive qui se dégrade sans que l'on sache jusqu'à quel point. On notera que dans la région Nord, existe une expression équivalente fondée sur un bel oxymore *pire que mieux*.

Se mettre sur son quarante-quatre: il existe dans le français standard (dès le début du XIXe siècle) une expression *se mettre sur son trente et un* qui signifie mettre ses plus beaux habits, et dont l'origine proviendrait de la numérotation des tenues dans l'armée : la tenue «trente et un» correspondant à la tenue de parade. En revanche, si vous constatez qu'une personne *s'est mise sur son quarante-quatre*, cela signifie que vous avez remarqué ***la négligence, le laisser-aller de sa tenue***. S'il est probable que cette expression s'est construite par analogie avec *se mettre sur son trente et un*, le choix de *quarante-quatre* (en dehors de la répétition de la première syllabe) demeure mystérieux. Le mieux qu'il reste donc à faire, c'est de suggérer discrètement à la personne qui s'est *mise sur son quarante-quatre* d'aller se rhabiller...

Se regarder passer: voilà une expression qui pourrait faire penser à une espèce de dédoublement où l'on serait à la fois observateur, «se regarder», et acteur d'une action «passer»; mais sauf à être dans un univers de fiction, cela paraît peu probable. En fait, la réalité est plus simple. La forme pronominale de *se regarder* (construit avec le préfixe *re-* qui indique à la fois un mouvement en arrière et une répétition, et le verbe *garder* du francique «wardôn», regarder vers) suggère d'emblée une action dont le sujet est l'objet. On comprend aisément qu'une personne qui *se regarde passer* est dans une disposition narcissique et se considère comme seule digne d'intérêt : un tel état d'esprit se traduit par ***une attitude suffisante, souvent prétentieuse***, et toujours désagréable à constater. Le mieux si l'on rencontre ce genre d'individu, c'est de passer... son chemin.

À vous de choisir...

Français standard	Français régional
Appétit Inclination à la satisfaction d'un besoin	*Appétit* Ciboulette
Chaumière Maison couverte de chaume	*Chaumière* Chapiteau rectangulaire pour les fêtes
Dommage Préjudice	*Dommage* Évidemment
Débauche Excès des plaisirs des sens	*Débauche* Fin de la journée de travail
Hargne Colère agressive	*Hargne* Forte averse venteuse
Volet Panneau sur une fenêtre	*Volet* Nénuphar

Picardie

Aller à la cafonière : quel est donc cet endroit mystérieux, la *cafonière*, où chaque individu va assez régulièrement? Voici un indice donné par la plume de Victor Hugo (1802-1885) dont on connaît le verbe si poétique : «*c'est un endroit où même les héros font des efforts*». Votre visage s'éclaire, vous avez compris... Faites donc partager votre découverte en leur indiquant que le grand Victor, évoquait par cette formule périphrastique, ***les toilettes*** ou ***lieux d'aisances*** si l'on veut maintenir le registre soutenu de cette explication. *Aller à la cafonière* c'est donc tout naturellement (c'est le cas de le dire!) ***se rendre aux toilettes***. Mais, et l'origine du mot *cafonière*? Elle demeure mystérieuse...

Être dans le beurre, tomber dans le beurre : tout le monde connaît l'adage pour désigner une personne avide et intéressée qui veut le *beurre, l'argent du beurre et... la crémière*! C'est que le *beurre* (du latin «butyrum») est souvent associé à l'idée d'aisance, comme ici : quand une personne *est dans le beurre*, cela signifie ***qu'elle possède un niveau de vie très***

confortable, peut-être parce qu'à un moment de son existence, elle *est tombée dans le beurre*, autrement dit qu'***elle a eu un coup de chance***.

Chercher misère à quelqu'un : la présence du mot *misère* (du latin « miseria », malheur, adversité, souci) suggère intuitivement que cette expression correspond à une action peu agréable ; on peut atténuer cette impression négative, voire se rassurer, en se rappelant que le sens dominant du verbe *chercher* est celui d'une tentative dont le résultat n'est pas acquis d'avance. Ouf ! Cependant, soyons direct : *chercher misère à quelqu'un*, c'est d'abord ***tout faire pour l'ennuyer, le quereller, bref lui chercher des noises***. Le français standard propose une variante qui laisse moins de place à l'incertitude en remplaçant le verbe chercher : *faire des misères à quelqu'un*.

Choler sa bosse : voilà une expression évocatrice dont la métonymie (la partie désignant le tout) n'aura échappé à personne, la *bosse* dont il est question ici est une figure de style pour désigner une personne (peut-être par allusion au fait que parfois certains individus sont de vrais « chameaux » !). Quant à *choler*, il s'agir d'un verbe d'origine picarde exprimant ***une action de mouvement instable,*** voire ***chaotique,*** équivalent de ***bousculer****. Choler sa bosse* évoque donc ***le fait de voyager un peu partout, et beaucoup***, comme son équivalent en français standard, ***rouler sa bosse****.*

Faire son samedi : comme chacun sait le *samedi* (composé du latin « sambati », sabbat, et « dies ») correspond au septième jour de la semaine dans le calendrier ecclésiastique, autrement dit le dernier jour de la semaine mais souvent le premier du week-end. Et souvent, une partie de ce jour est dédié à ces fameuses tâches ménagères (que Michel Audiard ne trouvait pas sans noblesse) que l'on n'a pas eu le temps de faire le reste de la semaine. *Faire son samedi*, c'est donc ***faire un grand nettoyage approfondi*** de sa maison.

Hardi page : cette expression nous transporte dans un temps ancien où des jeunes hommes souvent d'origine noble, accomplissaient une sorte de service d'honneur à la cour d'un roi ou d'un seigneur. Probablement en raison de leur jeunesse, ces pages avaient la réputation d'être insolents, farceurs et espiègles ; c'est ainsi que le terme *page* (du grec «paidion») est devenu synonyme d'enfant insolent, effronté. Cette connotation a été renforcée par le participe passé *hardi* (du verbe *hardir*, du francique «hardja», rendre dur, courageux). Aujourd'hui, s'il n'y a plus de pages, les hardis pages, eux, continuent d'exister! Si vous entendez dans une conversation une personne s'exclamer : «Il est odieux, ces parents devraient réagir car il est devenu un vrai hardi page!», vous avez compris qu'il s'agit ***d'un enfant ou d'un adolescent insupportable*** qui aurait besoin d'une bonne leçon d'éducation.

À vous de choisir...

Français standard	Français régional
Ficelle Crêpe salée fourrée	*Ficelle* Cordelette
Fréquenter Aller habituellement dans un endroit	*Fréquenter* Avoir une relation amoureuse
Griffe Ongle pointu et recourbé	*Griffe* Égratignure

Français standard	Français régional
Honteux Qui éprouve un sentiment de honte	*Honteux* Timide

Poitou-Charentes

Biquer de l'œil: si vous croisez une personne qui *bique de l'œil*, vous aurez l'impression qu'elle vous regarde de travers. Cela ne signifiera pas qu'elle vous manifeste une quelconque hostilité mais tout simplement qu'elle est ***atteinte d'un strabisme***. En effet, *biquer* est une altération du verbe *bigler* (du latin «bisoculare», loucher, formé de «bis», deux fois, de travers, et «oculare», regarder); on peut donc imaginer que *biquer* est né d'un «regard louche» sur *bigler*.

Bouter à la tête: depuis Jeanne d'Arc qui a «bouté les Anglais hors de France», le verbe *bouter* (du francique «botan», frapper) s'est en quelque sorte spécialisé avec le sens de *pousser dehors*; on le rencontre aussi dans la locution *bouter à terre* avec le sens de *renverser*. Mais, ici *bouter* perd ces connotations de violence physique pour la signification plus tranquille de «mettre, placer», même s'il conserve un certain dynamisme en traduisant la soudaineté. Si Archimède avait été de la région, peut-être que dans sa baignoire, lorsqu'il a découvert son fameux principe, au lieu de s'écrier «Eurêka, Eurêka», aurait-il dit : «J'ai bouté à la tête, j'ai bouté à la tête»; en d'autres termes «***je viens d'avoir une idée soudaine*** (et géniale!)» ou littéralement «une idée s'est placée d'un coup dans ma tête». C'est ce qui s'appelle ***l'inspiration***...

Confiture de vieux garçon : l'évocation des confitures de grand-mère déclenche souvent la nostalgie des souvenirs d'enfance et d'un temps passé avec ses saveurs exquises mais jamais retrouvées. En revanche, il est bon de préciser qu'il y a *confiture* et *confiture* (dérivé de *confit*, participe passé du verbe *confire* du latin «conficere», faire entièrement, achever). Celle qui nous intéresse n'est pas le mélange cuit de fruits et de sucre; elle nous fait quitter le monde de l'enfance et des sucreries pour celui plus rude des alcools. En effet, *la confiture de vieux garçon* consiste à ***faire macérer des fruits rouges, comme les fraises, les cerises, les framboises, dans de l'eau-de-vie***. La plupart des recettes s'accorde pour fixer le temps de macération à trois mois et la dégustation au moment de Noël. On peut se demander pourquoi une telle recette serait l'apanage du célibataire d'un certain âge : l'hypothèse la plus vraisemblable est sans doute que l'on considère que la solitude est propice à la consommation d'alcool et que le dit vieux garçon est aussi confit que sa recette…

Écumer les marmites : même si le mot *marmite* inciterait à utiliser le sens propre du verbe *écumer* (enlever l'écume ou des impuretés dans un liquide ou une préparation, issu du croisement entre le latin « spuma » et le germain « skum », écume), ici, c'est le sens figuré qui prévaut, c'est-à-dire celui que l'on retrouve lorsque l'on évoque les pirates qui écument les mers. Si l'on vous prévient qu'une personne a la réputation d'*écumer les marmites* », on vous signale par ce tour métaphorique, qu'il s'agit ***d'un parasite qui cherche à vivre aux crochets des autres.***

Être inquette de quelqu'un : *inquette* est une altération de *inquiet* (du latin « inquietus », agité, qui n'a pas de repos) mais ne possède pas ses valeurs négatives (préoccupé, angoissé). Ainsi, si vous entendez que ce jeune homme est inquette de cette belle jeune fille, vous devrez comprendre qu'il lui porte un intérêt certain, bref ***qu'il est attiré par elle.*** Donc pas d'inquiétude à son sujet !

Être sur la paille: la *paille* (du latin «palea», balle de céréale) possède de nombreuses valeurs négatives, probablement parce que cet ensemble de tiges a été coupé et dépouillé de son grain. Ainsi en français standard, *mettre quelqu'un sur la paille*, c'est le ruiner; *un homme de paille*, un simple prête-nom; *une paille*, une broutille ou une impureté dans un verre ou métal. Quant à l'expression *être sur la paille*, elle ne vaut guère mieux mais laisse encore en français standard quelque espoir, même si elle signifie ***être dans la misère***. En effet, dans cette région, elle possède un sens plus définitif et radical puisqu'elle signifie ***être mort***. Cela fait tout de même une *paille* de différence!

Faire le chat: non, il ne s'agit pas d'imiter le *chat* (du latin «cattus») en poussant des miaulements, ou de participer à ce jeu d'enfants qui consiste à attraper les autres; avant que vous ne donniez votre langue au chat, voici la signification de cette expression qui transpose la délicatesse d'un chat qui mange à l'attitude d'une personne ***qui lèche par exemple la confiture d'une tartine sans en manger le pain***. Par extension, *faire le chat*, c'est aussi ***manger la***

meilleure partie en faisant la «fine bouche» et laisser la moins intéressante.

Faire trempinette : la *trempinette*, variante de la *trempette* (dérivé du latin «temperare», tremper) est un ***morceau de pain ou de biscuit trempé dans une boisson ou dans un aliment liquide,*** mais peut-être aussi un petit bain au cours duquel on ne se mouille pas complètement. Ici, pour *faire trempinette*, nous resterons au sec, car il s'agit du premier sens : évidemment rien n'interdit l'été, après avoir *fait trempinette* dans son café, d'aller se rafraîchir en *faisant trempette.*

Ne pas craindre sa peine : voilà une expression fort ancienne puisqu'on la trouve dans une pièce de Marguerite de Navarre (née à Angoulême en 1492), ***La Comédie de la nativité*** (1530). Si *craindre* a une origine mouvementée : issu du latin «tremere», trembler de peur, le verbe est ensuite altéré sous la forme «cremere» par croisement avec le radical celtique *crit.* Son sens, en revanche, est explicite et traduit une réaction de méfiance ou d'inquiétude à l'égard de quelqu'un ou de quelque chose, perçu comme une source de danger. *Ne pas craindre sa peine* est donc une belle litote pour indiquer ***un comportement d'ardeur au travail***!

Part des anges: nous voici du côté de l'invisible avec cette expression. En effet, dans plusieurs religions, les anges sont des puissances qui animent l'univers sans jamais apparaître ; purs esprits, ils sont censés influencer en bien ou en mal les actes et la vie des humains. Mais quelle est donc la *part* (du latin «pars, partis», part, portion, lot) qui leur revient dans cette expression? Comme les anges, elle est invisible mais à leur différence bien réelle puisqu'il s'agit des ***vapeurs d'alcool qui émanent des fûts de chêne*** dans lesquels l'eau-de-vie vieillit pendant plusieurs années (c'est le cas du cognac). On notera que cette *part des anges* laisse malgré tout une trace, car elle provoque le développement d'un champignon microscopique qui donne aux murs une couleur noire. Autrefois, elle servait à la police pour contrôler si telle ou telle maison ne dissimulait pas une production clandestine.

Surveiller la télévision: aujourd'hui, en français standard, *surveiller* (construit avec le préfixe *sur-* et le latin «vigilare», veiller) a pris une signification tournée essentiellement vers la garde, le contrôle, l'inspection. Dans ce sens, *surveiller la télévision* prend un tour étrange : s'agit-il de surveiller l'objet pour contrôler son usage, éviter sa disparition, ou une analyse des programmes proposés? Rien de tout cela. C'est le sens premier de *surveiller* qui est à l'œuvre ici : si vous *surveillez votre télévision*, cela signifie tout simplement que ***vous la regardez***!

Ventre à choux: en français standard, le chou participe à de nombreuses expressions avec des sens figurés péjoratifs ou moqueurs (*feuille de chou*, pour un journal sans importance; *être bête comme chou*, être stupide; *être dans les choux*, être dernier ou ne rien comprendre; *faire chou blanc*, échouer); pourtant cette plante crucifère a longtemps fait partie de l'alimentation de base des hommes et des animaux. *Ventre à choux* est une expression métonymique, car ici le ventre (du latin «venter») désigne une personne : ***il s'agit du surnom attribué aux Vendéens***; on y perçoit évidemment une légère condescendance, teintée d'ironie, et supposant que la nourriture des Vendéens se limite aux choux.

À vous de choisir...

Français standard	Français régional
Aggraver Rendre plus difficile	*Aggraver* Avoir mal aux pieds après une marche
Belote Jeu de cartes	*Belote* Brebis
Bouc Mâle de la chèvre	*Bouc* Petite crevette grise
Cabane Petit abri rudimentaire	*Cabane* Grande ferme agricole
Parlement Assemblée institutionnelle	*Parlement* Manière de parler

Provence-Alpes-Côte d'Azur & Corse

Aller au pati **:** le *pati*, mot occitan (du latin «pasticium», dérivé de «pastus», pâture, participe passé de «pascere», paître) est l'équivalent du pâtis, terrain en friche sur lequel on faisait paître les bestiaux. Cela dit, si vous surprenez une conversation où une personne d'aspect peu raffiné dit : «Bon, je vous laisse, il faut que j'aille au pati», cela signifie qu'elle informe de son intention non pas d'aller paître dans le champ voisin, mais d'***aller aux toilettes****!*

Bon bout d'an **:** par quel *bout* (dérivé du francique «botan», frapper) prendre cet an ; évidemment par le *bon bout*, c'est-à-dire par son achèvement, ***la fin de l'année****. Bon bout d'an* est une expression qui s'épanouit donc au mois de décembre, lorsqu'il est l'heure de faire les bilans et de préparer les fêtes de fin d'année. La plupart du temps, vous entendrez l'expression complète *bon bout d'an, et à l'an qué ven*, ***bonne fin d'année et à l'année prochaine****.*

Couler l'eau: voilà une expression qui ne fera pas *couler* (du latin «colare») beaucoup d'encre tant elle coule de «source», même si elle peut être liée à un effort ou à une grosse chaleur. En effet, *couler l'eau* signifie ***transpirer abondamment, être en sueur***. Il conviendra malgré tout d'être attentif, si vous entendez quelqu'un vous dire : «faites couler l'eau», cela n'aura pas le même sens que s'il vous dit : «vous coulez l'eau».

Donner un coup de pied à l'armoire à glace: ici, il faut être précis car *l'armoire à glace* dont il est question ne désigne pas un homme grand et physiquement très fort comme ces piliers de rugby ou certains gardes du corps; on comprend bien que *donner un coup de pied* à une telle personne exposerait à quelques risques! Non, ici *le coup de pied* est tout à fait pacifique et métaphorique et concerne les vêtements contenus dans un meuble destiné à cet usage, *l'armoire à glace. Donner un coup de pied à l'armoire à glace,* c'est donc initialement ***prendre ses plus beaux vêtements*** et admirer ensuite sa mise dans le miroir d'une des portes de *l'armoire* (du latin «armarium»); l'expression a pris un tour métaphorique et signale donc ***une tenue vestimentaire***

exceptionnelle et particulièrement soignée. En français standard, cela équivaut à se *mettre sur son trente et un*. On notera en français standard, ce bel euphémisme, l'*armoire aux reliques* qui désigne un coffre à linge sale.

En galère **:** certains mots sont inévitablement associés à des connotations négatives, quel que soit leur emploi ; c'est le cas de *galère* (du catalan « galera ») qui évoque inévitablement l'esclavage, le travail forcé, la brutalité des gardes-chiourmes, la souffrance, les combats en mer et... la célèbre tirade de Géronte dans les ***Fourberies de Scapin*** de Molière (1622-1673) : « *Que diable allait-il faire dans cette galère?* » Arrêtons-là, et observons, *en galère*, qui ne redresse pas vraiment la barre et propose aussi deux significations peu engageantes, jugez par vous-même : si, à la suite d'une panne d'essence (première « galère »), vous deviez marcher avec votre bidon de secours vide vers la prochaine station service qui se trouve *en galère*, c'est-à-dire ***très loin*** (deuxième galère !). Si, arrivé à la station service, le pompiste refuse de vous servir car il a fini son service et fermé les pompes, vous vous énervez, le ton monte et le pompiste peu aidant vous *envoie en* *galère*, cela signifie qu'il vous ***chasse sans ménagement*** (troisième galère !).

Faire la bazarette : attention faire la *bazarette* ne correspond pas à l'expression du français standard *faire les magasins*. Cette *bazarette* n'est pas une petite surface de vente de divers produits et articles mais le nom donné à une femme dont la langue est bien pendue et qui ***prend prétexte de tout pour faire des commérages*** : *bazarette* est issu du provençal « basaruta » (bavarder) qui exprime souvent, comme ici, une nuance péjorative. *Faire la bazarette,* c'est donc ***passer son temps à médire de son prochain et à colporter des ragots***.

Huile d'enfer : l'*huile* (du latin « oleum ») est dans la tradition judéo-chrétienne un signe de bénédiction (huile sainte) et un symbole de joie ; par ailleurs, elle occupe une place centrale dans la cuisine méridionale et particulièrement l'huile d'olive. Celle-ci entre dans la confection de nombreux plats succulents qui permettent de connaître, sinon le paradis, en tous cas des sensations et des moments très agréables. Alors quelle est cette *huile d'enfer*? Pour répondre à la question, il faut reformuler celle-ci et se demander où se trouve *l'huile d'enfer*? C'est un terme d'huilerie désignant le liquide contenu dans une citerne où étaient mélangées les eaux qui avaient été mêlées avec le marc d'olive. Autrefois, ***ce mélange servait à fabriquer une huile de mauvaise qualité,*** utilisée pour la fabrication du savon et pour les lampes à huile, et que l'on appelait *l'huile d'enfer* car les résidus de cette citerne s'écoulaient dans un souterrain qu'on nommait l'enfer.

Lever la parole à quelqu'un : le verbe *lever* (du latin «levare», alléger, soulager, soulever) indique d'une manière générale un mouvement de bas en haut mais possède aussi le sens de supprimer (on se rappelle la célèbre formule d'Alfred de Musset (1810-1857) : «*Quand on a des doutes, on les lève.*»). On peut ainsi lever des tas de choses : *une interdiction, une punition, une hypothèque et... une parole*! Si dans un débat, un participant *lève la parole aux autres personnes*, cela signifie qu'il ***monopolise la parole et empêche les autres de s'exprimer***. Dans ce cas-là, le mieux c'est de lever la séance !

Marcher balin-balan : d'origine occitane, *balin balan* est l'équivalent du français standard *clopin-clopant* (de l'ancien français «clopin», boiteux et «clopan», participe présent de *cloper,* boiter). Ici *marcher balin-balan* mime donc l'action décrite : une personne qui *marche balin-balan*, ***se déplace en se dandinant en raison d'un déhanchement***. L'expression peut aussi suggérer un déplacement nonchalant, tranquille, sans boitement particulier.

Partir en barigoule **:** la *barigoule* (du provençal «barigoulo», issu du latin «maurucula», morille) est un champignon à chapeau et à lamelles comme le rosé des prés ou la pratelle. Ce sont probablement les caractéristiques éphémères et fragiles du champignon, prompt à s'altérer, qui ont alimenté l'expression *partir en barigoule* qui signifie ***s'abîmer, tomber en ruine*** et au sens figuré, ***perdre toute logique;*** ainsi *un raisonnement qui part en barigoule* est ***une argumentation incohérente qui part dans tous les sens***. Fort heureusement, la *barigoule* ne possède pas qu'un sens métaphorique : elle entre aussi dans la composition d'une recette, les artichauts à la barigoule, où les champignons sont utilisés dans une farce, avec du lard fumé, des oignons, de l'ail, des herbes, le tout cuit dans de l'huile d'olive.

Si vous avez un cœur d'artichaut, pas d'hésitation sur l'utilisation de la barigoule !

Peser un âne mort : *l'âne (*du latin « asinus »), cet animal domestique de la famille des équidés, n'est pas particulièrement connu pour son poids : plus petit que le cheval, ce sont surtout ces grandes oreilles, son braiment caractéristique, et sa réputation d'entêté, voire de bêtise, qui le caractérisent. Alors pourquoi cette analogie ? En matière de poids, c'est au contraire cet animal particulièrement utilisé comme bête de somme qui connaît le poids des choses. *Peser un âne mort* signifie donc ***être très lourd,*** par allusion aux charges excessives que cet animal est réputé supporter.

Pieds-paquets : à table ! Vous voilà devant un plat de *pieds-paquets*... Cela ne vous dit rien ? Si, vous savez parfaitement ce que sont des *pieds* (du latin « pes, pedis », pied des hommes et des animaux) ; vous savez tout aussi parfaitement, ce que sont des *paquets* (de l'ancien français « pacque », ballot d'étoffe, emprunté au néerlandais « pak »). Mais des pieds-paquets, servis à table ? Procédons par ordre, les *pieds* tout d'abord : ***ce sont ceux d'un mouton*** ;

quant aux *paquets*, ils correspondent à ***un assemblage en paquets des tripes du mouton***. Vous l'avez compris il s'agit d'une recette provençale, surtout de Marseille ; les paquets de tripes de mouton sont farcies d'un hachis de jambon, d'ail et d'herbes, enroulées en forme de petits paquets et mijotés plusieurs heures avec du vin blanc, un bouillon, les pieds de mouton, du lard et des tomates. Il n'y a plus qu'à se mettre les pieds sous la table !

Prendre une estomagade : *l'estomagade* (de l'occitan « estouma », issu du latin « stomachus ») signifie ***l'estomac*** ; outre sa fonction digestive, cet organe est aussi employé comme le siège des sensations et sert à de multiples sens figurés. En français standard, un *spectacle qui soulève l'estomac* signale un dégoût ; *avoir l'estomac bien accroché* indique une capacité à supporter ; *avoir de l'estomac*, c'est être courageux ; *peser sur l'estomac*, c'est ne pas « digérer » une situation. *Prendre une estomagade* relève de ce dernier sens : au sens propre, l'expression indique une mauvaise digestion et au sens figuré, ***une difficulté à accepter une situation, un fait, un choc émotionnel.***

Ne pas avoir la langue pendue au cul*:** quelle image! La *langue* (du latin «lingua») est un organe dont la «prolixité» s'illustre dans un grand nombre d'expressions. Voici un bref florilège du français standard : *avaler sa langue* (se taire); *avoir de la langue* (être bavard); *brûler la langue* (l'envie de parler); *donner sa langue au chat* (renoncer à parler); *tenir sa langue* (savoir se taire); *se mordre la langue* (regretter d'avoir parlé); *avoir un cheveu sur la langue* (zézayer); *avoir une langue de vipère* (être médisant). Maintenant que nous avons *tourné plusieurs fois la langue dans notre bouche*, intéressons-nous à notre expression : en français standard, *avoir la langue bien pendue* (sans précision sur l'endroit de cette pendaison!) signifie ***parler facilement; par extrapolation, si l'on peut dire, on imagine que *ne pas avoir la langue pendue au cul* a le même sens, renforcé par la négation qui écarte un endroit insolite (*ne pas... au cul*!). Si cette expression méridionale qui s'éloigne de *la langue dorée* (formule signalant autrefois le fait de ***parler élégamment***) vous gêne, vous pouvez lui préférer l'expression du français standard, *ne pas avoir la langue dans sa poche!*

Se lever la peau pour quelqu'un : la *peau* (du latin « pellis », peau d'animal, fourrure, peau tannée, enveloppe extérieure, puis peau d'homme, en supplantant « cutis ») apparaît dans un grand nombre d'expressions métaphoriques du français standard pour désigner une personne ou la vie de celle-ci (*tenir à sa peau ; jouer sa peau ; avoir la peau de quelqu'un*) ; ainsi *se lever la peau pour quelqu'un* suggère d'emblée l'idée d'un effort, d'un dévouement, voire d'un sacrifice : « cet homme *s'est levé la peau pour que sa famille* ne manque de rien », signifie ***qu'il s'est dévoué, a fait tous les efforts possibles pour les siens.***

Un plein bon Dieu : que l'on se place dans une perspective polythéiste, par exemple celles des religions antiques grecque et romaine, ou dans une perspective monothéiste, par exemple celles des religions juive, chrétienne et musulmane, où règne un Être éternel, créateur tout-puissant, le terme *Dieu* (du latin « deus ») évoque les connotations d'intensité et d'illimité. L'expression « un plein bon Dieu » a une valeur d'intensif ; si on loue, par exemple, vos qualités d'improvisation car vous avez *un plein bon Dieu* d'idées dans la tête, vous aurez compris que vous avez ***beaucoup*** d'idées.

Zapper : attention à ne pas confondre *zapper* (du corse « zappà », piocher) avec le verbe *zapper* (de l'anglais « to zap ») qui indique l'action de passer rapidement d'une chaîne à une autre, au moyen de la télécommande. Si vous recevez un sms d'un ami corse qui vous écrit : « hier, à la pêche, j'ai zappé toute l'après-midi, je n'ai rien pris », vous devez comprendre qu'il ***a été particulièrement maladroit*** et qu'il a raté plusieurs prises.

À vous de choisir...

Français standard	Français régional
Blaguer Faire des plaisanteries	*Blaguer* Parler beaucoup
Cochon Porc	*Cochon* Petite boule qui sert de but à la pétanque

Français standard	Français régional
Gaucher Qui se sert de sa main gauche	*Gaucher* Maladroit
Muscle Organe qui assure les mouvements	*Muscle* Moule
Pillard Personne qui vole	*Pillard* Aide-berger
Rimer Faire des rimes	*Rimer* Attacher au fond d'une casserole

Rhône-Alpes

À l'abade : si en vous promenant dans la campagne, vous croisez une vache qui s'est échappée de son champ vous pourriez dire : «tiens, cette vache est *à l'abade*». Si en arrivant dans la cour de la ferme où vous venez prévenir le paysan de l'évasion de son bovin, vous vous frayez votre chemin entre des poules et des canards, vous pourriez ajouter : «tiens, la volaille est aussi *à l'abade*». Vous pourriez, mais il vous faut auparavant lire la petite explication qui suit : *abade* est dérivé du verbe «abader» (de l'ancien provençal «badar», ouvrir, bailler) qui signifiait d'abord ***donner le large au bétail***, en le faisant sortir des étables pour le mener paître, et plus généralement ***le laisser en liberté***; ainsi un troupeau *à l'abade*, peut aussi s'employer pour ***des bêtes qui se sont enfuies***.

Avoir meilleur compte de : la présence du comparatif de supériorité *meilleur* suggère d'emblée l'orientation de l'expression; le *compte* (du latin «computus», calcul, estimation) a donc ici le sens d'intérêt : *avoir meilleur compte de*, suivi d'un verbe à l'infinitif, c'est ***avoir intérêt à***. Voici un exemple parfaitement neutre : « Vous aurez meilleur compte de lire ce petit Tour de France des expressions régionales pour mesurer la richesse et la diversité de notre langue. »

Bambane du dimanche : une *bambane* (issu du français populaire « banban », de la racine onomatopéique « bamb(al) », adjectif péjoratif qui signifie chétif, boiteux) est une personne qui flâne sans but précis. Dès lors *la bambane du dimanche* est cette ***promenade dominicale***, souvent digestive, qui vient conclure l'après-midi et préparer les esprits à la perspective du lundi ; on comprend qu'elle ***se fasse tranquillement sans excès, ni précipitation***...

Cervelle de canut: au XIXe siècle, l'histoire des *canuts* (ouvriers des fabriques de soie à Lyon, issu de l'italien « canetta », canette, bobine creuse servant aux tisserands) est ponctuée de nombreuses révoltes liées à leurs conditions de vie misérables. Le terme *canut* prend d'ailleurs à cette époque un tour péjoratif. Mais *la cervelle de canut* n'a rien d'une prise de tête, car il s'agit ***d'une simple préparation culinaire***, jugez plutôt : mélangez du fromage blanc avec les herbes (persil, ciboulette) et une échalote finement hachées; ajoutez une cuillère de vin blanc et de vinaigre, trois cuillères à soupe d'huile d'olive, le sel, le poivre et le vinaigre. Incorporez un peu de crème fraîche, placez dans une terrine et mettez au frais quelques heures avant le repas. Servez sur des tranches de pain grillé. L'appellation *cervelle de canut* vient d'une habitude prise par les canuts de mouler cette *cervelle* dans un plat tapissé de mousseline, ce qui permettait de démouler plus facilement la préparation.

Espèce de bugne: par intuition, nous savons qu'une expression commençant par *espèce* est rarement un compliment ou une courtoisie. C'est encore le cas ici; reste à identifier cette *bugne* pour savoir la hauteur de la gentillesse. L'étymologie de ce mot résiste : probablement d'origine pré-romane «bun(n) ia», souche d'arbre, il est la variante franco-provençale de «beigne», pâte roulée, frite dans l'huile et saupoudrée de sucre glace. La *bugne* est donc d'abord un beignet en tortillon, spécialité de la région lyonnaise. Mais *beigne/bugne* n'est pas qu'une douceur sucrée, il désigne aussi une bosse provenant d'un coup reçu, et par extension le coup, la gifle, qui a provoqué cette enflure. C'est donc ici que les choses se gâtent : traiter quelqu'un d'*espèce de bugne*, revient à le considérer comme une enflure (suite à la réception de coups sur la tête?); de là à en faire ***un idiot, un crétin***, il n'y a qu'un pas vite franchi!

Être bien fatigué*:** si l'on fait le constat qu'une personne est *fatiguée* (du latin «fatigare», épuiser, tourmenter), en d'autres termes qu'elle éprouve une diminution de ses forces, généralement car elle a eu une activité excessive ou trop prolongée, cela ne provoque pas d'inquiétude particulière. On sait bien qu'un repos (qualifié souvent de «bien mérité») pourra lui permettre de retrouver toute son énergie. Mais il ne vous a pas échappé que l'expression qui nous intéresse comporte l'adverbe «bien» : celui-ci n'a pas sa valeur positive habituelle mais celle d'un intensif qui équivaut à «très» : ainsi, une *personne qui est bien fatiguée* est une ***personne gravement malade dont les jours sont en danger.

***Être en fumée*:** pour éviter toute confusion, voilà une expression qu'il faut voir écrite. Si vous entendiez quelqu'un dire : «je suis en fumée», vous pourriez comprendre «je suis enfumé», c'est-à-dire entouré de fumée alors que l'air est parfaitement sain et dégagé.

Cependant l'intonation de la voix et l'aspect extérieur de la personne vous mettraient aisément sur la voie et vous feraient comprendre qu'il s'agit d'une métaphore à prendre très au sérieux, car ici, *fumée*, participe passé (devenu un nom) du verbe *fumer* (du latin «fumare») est pris dans son sens ancien du XVe siècle ***d'éprouver un sentiment de colère, de dépit***. *Être en fumée*, c'est donc ***être en colère***. Reste donc à trouver les paroles apaisantes pour que le ressentiment parte en fumée…

Faire la bobe: le radical onomatopéique *bob-*, exprimant le mouvement des lèvres, a donné en ancien français, le mot *bobe* désignant une moue, une grimace. *Faire la bobe*, c'est donc ***exprimer un mécontentement par un visage fermé et boudeur***. On notera que le mot «bobine», issu du même radical, n'est pas seulement ce petit cylindre muni de rebords, sur lequel on enroule du fil; il peut aussi prendre en français standard un sens argotique péjoratif pour désigner un ***visage peu souriant ou peu agréable à regarder***. *Faire la bobe* en Rhône-Alpes ou *faire la bobine* ailleurs, préférez sourire!

Marcher de bizingue: *bizingue* est une variante régionale et populaire de *biais* (du latin «biaxius», qui a deux axes) qui caractérise une position, un mouvement oblique. *Marcher de bizingue*, c'est donc ***marcher de biais, de travers***. Le français standard possède une expression équivalente, *aller de guingois*, mais si vous avez l'esprit bord de mer, vous préfèrerez ***marcher en crabe***.

Mettre à coin: voilà une expression à ne pas confondre avec celle du français standard, *mettre au coin*, qui évoque la punition de l'enfant obligé de se tenir debout dans l'angle d'une pièce (autrefois souvent dans une salle de classe). Ici, le *coin* (du latin «cuneus») suggère bien aussi une mise à l'écart mais avec une attention de soin privilégiée : si vous *mettez à coin* quelques bonnes bouteilles de Croze Hermitage pour les fêtes de fin d'année, cela signifie que vous ***mettez en réserve*** ces bouteilles dans votre cave pour cette occasion très précise.

Musique à bouche: on connaît Benjamin Franklin (1706-1790), un des fondateurs des États-Unis d'Amérique, homme politique, scientifique et inventeur du paratonnerre et d'un instrument de musique appelé *harmonica (*du latin «musica», du grec «mousikê», art des muses) composé de coupes de verre qui, par frottement approprié, produisent des sons vibrants, et qui devint plus tard un petit instrument de musique populaire et plus commode à transporter, en forme de petite boîte plate, composé de petits tuyaux à anches métalliques juxtaposés, dont on joue en soufflant et en aspirant. Si vous jouez de la *musique à bouche*, cela signifie que vous jouez de ***l'harmonica***.

Neiger à gros patins : autrefois, les *patins* (dérivé de *patte* du gaulois «patt») étaient des chaussures à semelles très épaisses destinées à préserver les pieds de toute humidité et particulièrement appréciées en cas de fortes précipitations. Lorsqu'il ***neigeait à gros flocons*** le recours à ces chaussures était particulièrement indiqué ; le glissement (si l'on peut dire !) des flocons à leur parade, *les gros patins*, s'est fait naturellement. Aujourd'hui, l'expression est restée pour indiquer ***de fortes chutes de neige*** même si l'équipement pour les pieds à gagner en confort.

Se faire sauter un nerf: même si la connaissance de l'anatomie humaine et de ses différentes pathologies a considérablement évolué au cours de ces derniers siècles, plusieurs expressions témoignent encore de notre ***avoir mal au dos*** ignorance d'autrefois ; ainsi, en français standard, *avoir mal aux reins* équivaut toujours à alors que les reins n'ont rien à voir avec les lombalgies ; *avoir mal au cœur* désigne toujours ***un mal d'estomac ou d'intestin***. De la même manière *se faire sauter un nerf*, s'il suggère bien une douleur, n'a rien à voir avec la réalité : le *nerf* (du latin « nervus ») que l'on fait sauter ici n'est pas ce faisceau de fibres reliant un centre nerveux à un organe et conduisant les différentes incitations, il désigne… une articulation ! *Se faire sauter un nerf*, c'est donc ***se fouler ou se luxer une articulation*** !

Se moucher en vache : la *vache* (du latin « vacca ») est non seulement un animal domestique qui fournit de la viande et du lait, mais c'est aussi un terme qui alimente un grand nombre d'expressions métaphoriques souvent péjoratives qui montrent à quel point la nature humaine est ingrate. Évidemment voir une vache se moucher paraît peu vraisemblable ; en revanche, il est tout à fait possible de *se moucher en vache* même si l'opération ne révèle pas une grande délicatesse, au mieux signale une cruelle absence de mouchoir qui oblige à ***se moucher avec les doigts***. Il est probable que la présence de la vache est liée à des expressions du français standard comme «grosse vache» qui suppose un relâchement physique lié au caractère paresseux prêté à la vache; mais la curiosité est que l'expression *se moucher dans ses doigts* signifie ***être habile, intelligent***, ce qui rend l'explication *très vache*...

Taper sur le coqueluchon: le *coqueluchon* (dérivé de *coqueluche*, construit à partir de «coque», «coquille», sorte de *coiffe* et du dernier élément de *capuche*) a désigné au XIXe siècle l'ensemble des plumes qui couvrent la tête d'un oiseau, mais surtout une espèce de capuchon. Ici, par métonymie, le *coqueluchon* représente la tête; l'expression *taper sur le coqueluchon* s'emploie à propos d'***un vin qui enivre facilement et fait donc tourner la tête***.

À vous de choisir…

Français standard	Français régional
Blanche Note de musique qui vaut deux noires	*Blanche* Eau-de-vie
Déshabiller Ôter les vêtements	*Déshabiller* Ne pas convenir en parlant d'un vêtement
Cadet Personne qui vient après l'aîné	*Cadet* Ami
Emplâtre Substance qui s'applique en remède sur la peau	*Emplâtre* Coup violent
Moule Mollusque ou matrice	*Moule* Mesure de bois de chauffage
Sentinelle Soldat à un poste de garde	*Sentinelle* Trou dans le bouchon d'un tonneau

Index

C

D

E

F

T

U

V

Z